RÈGLEMENT CONSULAIRE

PORTUGAIS

MIS EN VIGUEUR

PAR

Décret du 26 novembre 1851

TRADUIT EN FRANÇAIS

PAR M. HECTOR GITTON

ÉDITION OFFICIELLE

PARIS

IMPRIMERIE GUIRAUDET ET JOUAUST

RUE SAINT-HONORÉ, 338

1857

RÈGLEMENT CONSULAIRE

PORTUGAIS

Paris, imprimerie Guiraudet et Jouaust,
rue Saint-Honoré, 338.

RÈGLEMENT CONSULAIRE

PORTUGAIS

MIS EN VIGUEUR

PAR

Décret du 26 novembre 1851

TRADUIT EN FRANÇAIS

PAR M. HECTOR GITTON

ÉDITION OFFICIELLE

PARIS

IMPRIMERIE GUIRAUDET ET JOUAUST

RUE SAINT-HONORÉ, 338

1857

RAPPORT

Madame,

Le service du Corps consulaire portugais, réglé depuis longtemps par des instructions défectueuses et en partie inexécutables, ne satisfait point aux besoins publics, ni ne pourvoit aux intérêts du commerce. En se livrant à l'examen de l'état du Corps consulaire portugais, le Gouvernement de Votre Majesté a reconnu que ce Corps ne pourrait qu'imparfaitement répondre au but de son institution, tant que les devoirs et les attributions des Agents consulaires ne seraient point fixés, et que l'exercice de leurs fonctions ne serait pas convenablement réglé. C'était donc un devoir pour le Gouvernement de Votre Majesté de s'occuper de suite de la confection d'un Règlement consulaire, hautement réclamé par tous les intérêts publics, et dont la nécessité était vivement sentie non seulement par la classe respectable des commerçants, mais encore par les Agents consulaires eux-mêmes. Dans la préparation de ce Règlement le Gouvernement a pris davantage en considération les faits que les théories qui, quoique plus,ou moins plausibles, n'ont pas été jusqu'à présent admises dans l'usage général des nations les plus civilisées.

Afin de faciliter l'exercice pratique des obligations et des charges consulaires, on a ajouté au Règlement des Modèles et des Formules au moyen desquels on obtiendra l'uniformité dans les actes qui seront expédiés par les différents Consulats. Dans la distribution et la classification des Consulats, on a eu égard à l'état actuel, afin de ne pas porter atteinte à des droits acquis; mais le Gouvernement n'ignore pas la nécessité et la convenance d'une nouvelle organisation du Corps consulaire, dès que les circonstances permettront de restreindre les nominations de Consuls à des sujets portugais, d'exiger de ces fonctionnaires des connaissances supérieures, de leur défendre toute espèce de commerce, et enfin d'exercer sur eux un contrôle plus sévère. Les Ministres de Votre Majesté ont jugé à propos de régler les relations réciproques des fonctionnaires diplomatiques et des employés consulaires, en sorte que leur efforts combinés concourent au bien de notre commerce, sans que toutefois les uns puissent usurper ou contrarier les attributions particulières des autres.

En effet, si l'expérience a démontré combien il est peu convenable que les doubles fonctions diplomatiques et consulaires se trouvent réunies dans un seul individu (ce qui ne saurait, que par exception, être admis que dans quelques localités), il est hors de doute que l'Agent diplomatique et l'Agent consulaire, agissant d'un commun accord et dans le même but. peuvent et doivent rendre les services les plus importants à notre commerce.

. Dans les déterminations relatives à la juridiction consulaire, on n'a point perdu de vue les restrictions que les progrès de la civilisation lui ont assignées dans tous les États, à l'exception de celle qui appartient aux Consulats européens dans les ports d'Afrique et du Levant, et on s'est en même temps conformé à ce qui se trouve stipulé dans les conventions échangées entre la couronne de Portugal et d'autres puissances.

. D'après toutes ces considérations, les Ministres de la Couronne ont l'honneur de soumettre à l'approbation de Votre Majesté le projet ci-dessous de Règlement consulaire.

Ministère des Affaires Étrangères, le 26 novembre 1851.

(*Signé:*) Duc de Saldanha,
Rodrigo da Fonseca Magalhaes,
Antonio Maria de Fontes Pereira de
Mello,
Antonio Aluizio Jervis de Atougia.

DÉCRET

Vu le rapport des Ministres et Secrétaires d'État aux différents Départements : Il Me Plaît, en vertu des pouvoirs extraordinaires que j'ai cru devoir prendre dans les circonstances actuelles, d'ordonner que le Règlement consulaire, contresigné par mon Ministre et Secrétaire d'État au Département des Affaires Étrangères, et publié conjointement avec le présent Décret, par lequel est abrogée toute législation contraire, soit immédiatement mis à exécution.

Les Ministres et Secrétaires d'État des différents Départements se conformeront au présent Décret et le feront exécuter.

Palais de Necessidades, le vingt-six novembre mil huit cent cinquante-un.

(*Signé :*) LA REINE,

(*Contre-Signé :*) Duc de Saldanha,
Rodrigo da Fonseca Magalhaes,
Antonio Maria de Fontes Pereira
de Mello,
Antonio Aluizio Jervis de Atougia.

RÈGLEMENT CONSULAIRE

CHAPITRE PREMIER.

DES EMPLOYÉS CONSULAIRES, DE LEURS DIFFÉRENTES CLASSES, DE LEUR NOMINATION, DE LEUR ENTRÉE EN FONTIONS, ETC.

ARTICLE 1er.

Les employés ou agents consulaires sont des fonctionnaires nommés, ou dont la nomination est confirmée par le Gouvernement de Sa Majesté, dans le but de faire prospérer le commerce et la navigation nationale dans leurs districts respectifs, et de protéger les personnes et les intérêts des sujets portugais.

ART. 2.

Le corps consulaire se divise en Consuls Généraux, Consuls et Vice-Consuls.

Il appartient aux Consuls Généraux et aux Consuls de désigner, dans les Etats où ils résident, les ports de plus grande importance où il conviendrait d'établir des Vice-Consuls Dans les localités où il y aura des Consuls Généraux ou des Consuls, il peut, dans le cas où une plus grande affluence d'affaires l'exigerait, y avoir des Vice-Consuls, pour les seconder ou les remplacer en leur absence.

ART. 3.

Les agents consulaires peuvent, en cas d'urgence, sub-

déléguer par intérim une partie de leurs attributions,
pourvu toutefois : 1° que ce soit dans un but circonscrit
et déterminé ; 2° que communication en soit immédiatement donnée à l'autorité dont ils dépendent ; 3° enfin,
qu'ils demeurent responsables de l'usage que le subdélé-
gué aura fait des pouvoirs à lui conférés.

Art. 4.

Le district consulaire peut embrasser plus d'un Etat in-
dépendant, toutes les fois que le Gouvernement le jugera
nécessaire.

Art. 5.

Tant qu'il ne sera pas donné une nouvelle organisation
au corps consulaire, la division actuelle des différents
districts devra subsister, sauf les changements que le
Gouvernement de Sa Majesté jugera utile d'y apporter
pour le bien du service.

Art. 6.

Les Consuls Généraux et les Consuls sont nommés par
le Roi ; leur nomination est expédiée par le Ministère des
Affaires Etrangères ; et ils sont choisis parmi les individus ayant les capacités nécessaires.

Art. 7.

Pourront seuls être Consuls Généraux ou Consuls ap-
pointés les citoyens portugais de naissance ou naturalisés ;
mais les Consuls sans appointements et les Vice-Consuls
pourront être étrangers, sauf les restrictions établies par
les traités ou conventions existant entre les Etats respectifs.

Art. 8.

Le Consul Général ou le Consul, dès qu'il aura obtenu sa lettre-patente, devra en solliciter l'*exequatur* par l'intervention du chef de la légation de Sa Majesté, accrédité dans le pays où doit être sa résidence ; et, en l'absence de celui-ci, il le sollicitera lui-même. Une fois l'*exequatur* obtenu, il se fera reconnaître par les autorités constituées respectives au moyen de son brevet muni dudit *exequatur*, ou assentiment du Gouvernement, de la manière usitée dans le pays, si le Gouvernement qui l'a accordé n'est point dans l'usage de faire lui-même cette communication. Une fois cette formalité remplie, le Consul Général ou le Consul annoncera son entrée en fonctions aux individus de sa nation existant dans son district, ainsi qu'à tous les Vice-Consuls ses subordonnés, afin d'être reconnu par eux.

Si les conditions auxquelles l'*exequatur* aura été accordé n'étaient pas aussi favorables que celles des Consuls des autres nations, ni justifiées par le droit de réciprocité, le Consul Général ou le Consul devra, avant de commencer à exercer ses fonctions, porter cette circonstance à la connaissance du Gouvernement de Sa Majesté, afin que celui-ci puisse aviser comme il l'entendra.

Art. 9.

Les Consuls Généraux et les Consuls ne pourront nommer dans les ports de leur district aucun Vice-Consul sans l'autorisation expresse du Ministre des Affaires Etrangères, auquel devra être préalablement adressée une information sur les qualités et les circonstances qui se réunissent dans l'individu proposé. Une fois la proposition approuvée, la nomination du Vice-Consul devra être envoyée au Ministre, afin d'obtenir la sanction royale.

Les Consuls Généraux et les Consuls remettront aux chefs des légations, dans les pays de leur résidence, les brevets des nominations des Vice-Consuls, faites par eux, après que ces nominations auront été approuvées par Sa Majesté, afin que les chefs de mission puissent en réclamer l'*exequatur*, et les appuyer dans l'exercice de leurs fonctions.

A défaut de Légation, les Consuls Généraux et les Consuls solliciteront directement cet *exequatur* du Gouvernement respectif.

Le Vice-Consul donnera également connaissance de sa nomination aux sujets portugais qui se trouveront dans son district.

Art. 10.

Les Consuls Généraux et les Consuls, avant d'entrer en fonctions, prêteront, dans le bureau du Ministère des Affaires Étrangères, le serment, selon la formule n° 1, ci-jointe; mais, si ces fonctionnaires ne sont pas citoyens portugais, le serment devra être conçu dans les termes de la formule n° 2. Le procès-verbal du serment sera dressé sur un livre spécial du ministère, et signé par eux.

Toutefois, en cas d'empêchement, ils devront envoyer audit ministère le procès-verbal de leur serment pour y être déposé dans les archives.

Lorsque les Vice-Consuls ne pourront pas prêter le serment par-devant les Consuls Généraux ou les Consuls, leurs supérieurs, ils devront envoyer à ceux-ci le procès-verbal de leur serment, afin qu'il soit transmis au Ministère des Affaires Étrangères.

Art. 11.

Aucun employé consulaire ne pourra, s'il est Portugais, accepter le consulat ou le vice-consulat d'une autre nation, sans l'autorisation préalable du Gouvernement de Sa Majesté.

Art. 12.

En prenant possession du consulat, le Consul Général ou le Consul procédera à l'inventaire des archives en présence de son prédécesseur ou de la personne à laquelle elles auront été remises, et y mentionnera tout ce qui appartient audit consulat, comme livres, pavillons, sceaux, dépêches, etc., ainsi que les sommes d'argent, les marchandises et autres objets qui pourraient y avoir été déposés. Cet inventaire sera fait en double et signé par tous deux; un des originaux restera aux archives et l'autre sera envoyé au Ministère des Affaires Étrangères, avec les observations que l'on aura jugé à propos d'y ajouter, en cas qu'il manque quelque chose à l'un des objets ci-dessus mentionnés.

Art. 13.

La Chancellerie du Consulat devra être établie, autant que les circonstances pourront le permettre, dans un endroit d'accès facile aux négociants et aux marins qui auraient besoin de s'y rendre. La Chancellerie sera séparée de toute autre pièce destinée à la profession exercée par l'agent consulaire; au-dessus de l'entrée principale on placera les armes royales entourées de la légende : *Consulat général*, *Consulat* ou *Vice-consulat de Portugal*. On pourra aussi arborer le pavillon national les jours de fêtes, excepté toutefois dans les Etats où le Gouvernement s'y opposerait.

Art. 14.

Ni les armes royales, ni le pavillon national arboré sur

la Chancellerie, ne confèrent à l'agent consulaire le droit d'asile pour des criminels, fussent-ils sujets portugais.

Art. 15.

Il y aura à la Chancellerie consulaire deux sceaux avec la légende respective, l'un à l'encre, l'autre à la cire; et la Chancellerie aura en dépôt tous les livres, lois, dépêches, registres, documents et autres papiers quelconques appartenant au Consulat, et qui seront classés de la même manière que dans les archives des ministères; on suivra, tant en cela que dans les travaux du bureau, les instructions contenues dans la circulaire expédiée par le Ministère des Affaires Étrangères le 6 septembre 1834 (Annexe A) dans la partie qui y est relative.

Chaque Chancellerie devra avoir les registres suivants, outre ceux que les besoins du service public pourront rendre nécessaires :

1º Registre de la correspondance avec le Ministère des Affaires Etrangères et autres départements publics tant nationaux qu'étrangers;

2º Registre de toute correspondance avec des individus nationaux ou étrangers pour objet de service ;

3º Registre des lettres-patentes des Consuls Généraux et des Consuls, ainsi que des nominations des Vice-Consuls leurs subordonnés, portant la date de la confirmation royale;

4º Registre des passe-ports de navires et de voyageurs, où seront portées les indications inscrites sur les passe-ports;

5º Registre des manifestes d'importation et d'exportation ;

6º Registre des rôles d'équipage et matricules des matelots;

7º Registre des lettres de santé et des rapports de navigation ;

8° Registre des actes de naissance, de décès et de contrats de mariage, de dotation et de dépôt d'arrhes ;

9° Livre matricule de tous les sujets portugais résidant dans le district consulaire, et registre des titres de nationalité ;

10° Registre des différents actes publics tels que : contrats, actes de notoriété, testaments, etc. ;

11° Livre des émoluments reçus ;

12° Livre des secours donnés à des marins et autres dépenses quelconques autorisées par la loi.

Tous ces livres seront numérotés, et ceux dont les extraits devront faire foi en justice seront en outre paraphés. On y dressera aussi le procès-verbal de leur ouverture et celui de leur clôture.

ART. 16.

Aussitôt après leur nomination, les employés consulaires enverront en double expédition, au Ministère des Affaires Étrangères, le modèle de la signature dont ils se serviront officiellement.

CHAPITRE II.

ATTRIBUTIONS ET DEVOIRS DES EMPLOYÉS CONSULAIRES.

ART. 17.

Il est spécialement du devoir des employés consulaires :

De veiller aux avantages, au développement et à la sûreté du commerce national, en y employant tous leurs efforts, leur crédit et leurs bons avis ;

De tâcher de généraliser la consommation des produits du Portugal, des îles adjacentes, ainsi que de ses provinces d'outre-mer;

De veiller avec soin à l'observation des priviléges, exemptions et droits stipulés dans les traités ou conventions entre la couronne du Portugal et les États où ils résident;

D'informer les Portugais qui viendront dans leur district des devoirs, usages et coutumes du pays;

D'accompagner ou de faire accompagner, s'il le faut, les capitaines de navires, lors de leur entrée en douane, et de les prévenir de tout ce qui pourra être utile à l'équipage, au navire ou au chargement;

De faire, en cas de décès d'un sujet portugais, tout ce qui pourra être avantageux aux intérêts des héritiers nationaux, sans qu'il soit besoin pour cela d'une procuration spéciale, si ces héritiers se trouvent absents, s'ils sont dans l'impossibilité de se présenter, ou s'ils n'ont pris aucune mesure;

De faire appel aux autorités à l'effet d'obtenir réparation des insultes, des pertes ou des dommages que les sujets portugais auront pu éprouver;

D'informer les étrangers des droits que payent les différentes marchandises dans les douanes portugaises, ainsi que des marchandises dont l'importation est défendue;

De donner tous les éclaircissements nécessaires à ceux qui désireront se rendre dans les provinces portugaises d'outre-mer, au sujet des dispositions contenues dans les décrets des 5 juin 1844 et 23 juin 1847 (Annexe B);

D'informer, avec toute la promptitude et l'exactitude possibles, de l'état sanitaire de leur district et des districts environnants, en faisant connaître les motifs de suspicion, même les plus légers, ainsi que les mesures adoptées par les Gouvernements respectifs pour empêcher la contagion ou pour en arrêter les progrès ;

De donner avis de la sortie ou des déprédations commises par des corsaires ou des pirates qui infesteraient les mers dans la proximité de leur district, ainsi que des préparatifs, dans les ports respectifs, qui pourraient indiquer l'ouverture des hostilités ;

De faire connaître dans tout son district, par la voie de la presse ou par tout autre moyen de publicité, les mesures que le Gouvernement de Sa Majesté aura jugé à propos de prendre pour le bien du commerce et de la navigation nationale, lorsqu'elles pourraient avoir rapport aux intérêts ou aux devoirs de personnes résidant dans leur district.

ART. 18.

En vertu de leurs attributions, les employés consulaires peuvent être appelés à remplir des devoirs administratifs indépendants de ceux qui se trouvent liés à l'expédition ordinaire des affaires commerciales. Il est donc nécessaire que ces employés, dès qu'ils auront été reconnus, le fassent savoir de la manière ordonnée dans l'art. 8 à tous les sujets portugais de leur district, afin qu'ils s'adressent à eux dans toutes leurs réclamations.

ART. 19.

Lorsqu'ils en seront requis, les employés consulaires feront le dénombrement civil des Portugais, en se conformant autant que possible au système suivi en Portugal à cet égard.

ART. 20.

Dans l'acte de naissance, on devra déclarer le jour, le mois et l'année où est né l'enfant, le sexe auquel il appar-

tient, le nom que l'on veut lui donner ou qu'on lui aura
déjà donné à son baptême; les prénoms, les noms, la filiation, la profession, la résidence et le pays du père et de
la mère, ainsi que la déclaration s'ils sont ou non mariés.

Art. 21.

Lorsque l'enfant sera né en pleine mer, l'acte de naissance, dressé par le capitaine, le maître ou l'écrivain du
navire, et signé par deux témoins, sera rendu authentique
et enregistré sur le livre des actes de naissance par l'employé consulaire, après avoir été préalablement avéré par
le capitaine ou maître du navire. La même chose aura
lieu quant aux actes de décès.

Art. 22.

Quant aux contrats de mariage, dots, arrhes, etc., les
agents consulaires se règleront sur les modèles annexés
au présent règlement.

Art. 23.

Dans les actes de décès on mentionnera les prénoms et
les noms, l'âge, la filiation, la profession, le pays du défunt, le lieu de son domicile, et la déclaration s'il était ou
non marié; le jour, le mois, l'année et l'endroit où a eu
lieu son décès; le nom de l'autre consort; s'il était marié
ou veuf; les noms et prénoms, l'âge, la profession, le lieu
de naissance et le lieu de domicile des personnes qui font
la déclaration du décès, et le degré de parenté qu'elles auront pu avoir avec le défunt.

Art. 24.

L'acte de décès sera fait en présence de deux témoins,
s'il est possible, parents du défunt; et, s'il n'en existe pas,

ou, en cas qu'il y en ait, s'ils ne peuvent se présenter, en présence de deux de ses amis ou de ses connaissances.

Art. 25.

Les consuls devront envoyer copie authentique de tous ces actes au Ministère des Affaires Étrangères, pour les effets convenables.

Art. 26.

Aussitôt qu'un employé consulaire aura connaissance que dans son district est décédé un sujet portugais sans héritiers ni exécuteurs testamentaires présents, il se transportera, accompagné de deux sujets portugais des mieux renommés, et, à leur défaut, de deux personnes d'une probité reconnue, à la demeure du défunt, et là il procèdera avec toute la circonspection à la recherche du testament; il apposera ensuite, si les lois du pays et les traités le permettent, les sceaux du Consulat sur les objets qui en seront susceptibles; quant aux autres, il en fera une description sommaire en attendant que l'inventaire en puisse être fait; il suivra à cet égard tout ce qui est ordonné par la loi; il dressera de tout cela procès-verbal, et en donnera immédiatement avis au Ministère des Affaires Étrangères.

Art. 27.

Si l'Agent consulaire est Vice-Consul, il donnera aussitôt connaissance au Consul auquel il est subordonné de tout ce qu'il aura fait conformément à l'article ci-dessus, afin qu'il lui envoie des instructions sur ce qu'il aura à faire, et qu'il puisse adresser, à ce sujet, au Gouvernement de Sa Majesté, les communications nécessaires.

Art. 28.

Lorsque le défunt n'aura laissé aucuns biens dans le

pays, le Consul l'annoncera au Ministère des Affaires Étrangères. Il pourra, s'il le juge indispensable, autoriser ou avancer lui-même les frais d'inhumation, dont il réclamera le montant aux héritiers qu'il pourra y avoir ; dans le cas où le défunt n'aurait rien laissé, ces frais seront supportés par le susdit Ministère.

ART. 29.

Lorsqu'un sujet portugais décédera en mer, l'employé consulaire recevra tous les objets par lui laissés à bord, accompagnés d'un inventaire signé par le capitaine ou maître, et par deux témoins du bord, et préférablement par deux passagers. Il avertira tout de suite les intéressés connus, s'il y en a, et fera part en même temps de tous ces actes au Ministère des Affaires Étrangères.

ART. 30.

Les objets appartenant à des sujets portugais, morts *ab intestat*, en cas qu'il n'aient pas d'héritiers légitimes dans le district consulaire, seront conservés par le Consul, si les lois du pays ne s'y opposent pas ; et, dans le cas contraire, le susdit agent devra veiller à ce qu'ils soient bien et sûrement conservés, afin d'être remis à qui de droit. Il en donnera également avis au Ministère des Affaires Étrangères, qui fera faire les annonces nécessaires dans le *Journal du Gouvernement*.

ART. 31.

Si, parmi les objets laissés, il s'en trouve qui soient sujets à se détériorer, ou dont la conservation soit dispendieuse, l'agent consulaire en fera faire la vente à l'enchère, avec toutes les formalités, ce dont il dressera procès-verbal, qu'il joindra à l'inventaire.

Art. 32.

Aucun dépôt, dans les cas prévus par les art. 29 , 30 et 31 , ne pourra être conservé par les employés consulaires pendant plus de six mois, si le sujet portugais est décédé en Europe ; ni pendant plus de douze, si le décès a eu lieu dans toute autre partie du globe ; et cela dans le cas où il ne serait pas possible d'en faire la remise plus tôt aux héritiers légitimes , ou à la junte du dépôt public à Lisbonne. Le Gouvernement de Sa Majesté se réserve d'agir comme il l'entendra dans le cas de non-exécution, sans motif justifié , de cette disposition.

Art. 33.

L'employé consulaire pourra donner des passe-ports aux Portugais et aux étrangers allant en Portugal , toutes les fois que l'identité des personnes aura été préalablement reconnue et qu'elles auront rempli toutes les formalités exigées par les lois. Il apposera son visa à ceux qui leur auront été délivrés par des autorités compétentes étrangères , mais seulement lorsqu'il n'y aura point de mission diplomatique portugaise dans l'endroit de sa résidence.

Art. 34.

Les agents consulaires pourront , lorsqu'il s'agira d'un acte public quelconque , inviter tous les sujets portugais résidant dans leur district , et les convoquer pour leur faire part de ce qu'ils jugeront utile aux intérêts nationaux , ou pour les consulter sur un objet quelconque du service. Dans ces sortes de réunions , l'agent consulaire occupera toujours la présidence.

Art. 35.

Ceux qui auront été convoqués pour les fins indiquées dans l'article précédent, et ne comparaîtront pas sans une juste raison, perdront tout droit à la protection du consulat respectif.

Art. 36.

Les employés consulaires devront, lorsqu'ils en seront requis, délivrer des certificats de vie et de résidence ; reconnaître les signatures des autorité et autres fonctionnaires publics de la localité, ainsi que des sujets portugais ; certifier conforme la copie ou la traduction d'un document, quel qu'il soit ; extraire des archives un acte quelconque ; rédiger ou légaliser des procurations ; approuver des testaments, dresser des inventaires ; enfin rédiger tous les actes qui sont, en général, de la compétence des notaires.

Art. 37.

S'il arrive qu'un sujet portugais commette du désordre ou se rende coupable de quelque action pouvant discréditer le nom portugais, l'employé consulaire prendra les mesures qu'il jugera le plus convenable, et en informera tout de suite l'autorité supérieure portugaise compétente.

Art. 38.

L'employé consulaire interviendra dans tous les différends qui pourront s'élever entre les sujets portugais résidant dans son district, ou qui y arriveront ; il tâchera, par tous les moyens possibles, de les concilier par un accommodement à l'amiable, ou par l'arbitrage d'experts avoués par les parties. L'employé consulaire confirmera l'arbitrage par son autorité, et observera celles des dispositions établies dans la *Nouvelle réforme judiciaire* relativement au jugement arbitral, art. 150 à 155, et 225 à 154 (Annexe C), qui seront susceptibles d'application.

Art. 39.

Il est défendu à l'employé consulaire d'accepter procuration dans les causes civiles ou criminelles des Portugais portées par-devant les tribunaux de leur district. Il sera toutefois le défenseur officieux de tout sujet portugais absent, incarcéré, ou malheureux, qui se trouvera mis en procès et n'aura personne pour le défendre; il fournira aux juges tous les documents ou toutes les explications favorables à l'accusé; il réclamera avec la plus grande prudence, afin d'éviter des contestations désagréables, et satisfera aux exigences de la justice sans manquer aux devoirs de l'humanité. Il fera part de tout ce qui se sera passé au Ministère des Affaires Étrangères, ainsi qu'au fonctionnaire diplomatique portugais, s'il y en a un, et se conformera à ses instructions.

Art. 40.

Le Consul sera le tuteur et curateur légal des Portugais qui, dans son district, n'en auront point, et qui par, les circonstances où ils se trouveront, en auront besoin, tels que les orphelins, les vieillards, les idiots et les aliénés, afin de solliciter en leur faveur, conformément aux lois.

Art. 41.

Il sera de même le protecteur des veuves et de tous les sujets portugais naufragés, abandonnés ou prisonniers, qui arriveront dans son district.

ART. 42.

Si les sujets portugais auxquels a rapport l'article précédent sont dénués de toute ressource, le Consul leur avancera l'argent indispensable pour leur subsistance, jusqu'à ce que l'occasion se présente de les renvoyer en Portugal par mer. Mais, si cette occasion tarde à se présenter dans l'endroit où se trouveront ces infortunés, il leur délivrera une feuille de route indiquant leur destination et la somme qu'ils auront reçue pour leur voyage, comme cela s'est fait jusqu'à présent. Le remboursement de ces avances sera fait par le Ministère des Affaires Étrangères, sur la présentation des reçus nécessaires.

ART. 43.

Dans le cas où il se trouverait dans le district consulaire des sujets portugais malades et ne possédant pas les moyens de se soigner, le Consul sollicitera des autorités locales leur admission dans un des hôpitaux ; il subviendra aux dépenses indispensables, et le remboursement lui en sera fait de même par le Ministère des Affaires Étrangères.

CHAPITRE III.

DE L'AGENT CONSULAIRE COMSIDÉRÉ DANS SES RAPPORTS AVEC LE COMMERCE.

ART. 44.

Les Consuls informeront tous les trois mois le Gouvernement de Sa Majesté des articles de production portugaise qui auront le plus de débouchés dans leur district ; de l'état de concurrence dans lequel ils se trouvent relativement aux productions de même espèce, mais d'origine différente; et quels sont ceux qui, dans leur opinion, pourraient avoir une plus grande extension ou une plus grande consommation, et par quels moyens.

Art. 45.

Les archives des consulats devront renfermer la collection des traités de commerce entre le Portugal et les autres nations; cette collection leur sera fournie par le Ministère des Affaires Étrangères.

Art. 46.

Les employés consulaires seront tenus de connaître parfaitement le système des lois économiques et fiscales du pays où ils résideront, et particulièrement la politique commerciale et maritime et les tarifs des douanes. S'ils trouvent que le Portugal est moins favorisé que les autres nations, ils en instruiront le Gouvernement de Sa Majesté, en indiquant si cette différence provient de causes permanentes ou passagères, et quels sont, selon eux, les moyens de les écarter.

Art. 47.

Les Consuls enverront tous les trois mois au Ministère des Affaires Étrangères les prix courants des principales places de leur district, et donneront la raison des variations qui auront eu lieu dans les objets d'importation et d'exportation entre le Portugal et leurs districts respectifs.

Art. 48.

Ils feront connaître les changements survenus dans les tarifs des douanes, dans les lois sanitaires, dans les droits de port de leur district, ainsi que de toutes les prohibitions, interdits, *embargos* de commerce et blocus,

Art. 49.

Il appartient aussi aux agents consulaires :

1° De délivrer des certificats d'origine des marchandises ;

2° De donner des attestations des différents prix des marchandises vendues à l'enchère ;

3° De nommer des experts et de procéder à l'expertise de marchandises ou de valeurs ;

4° De dresser les actes de protêt de lettres de change, lorsqu'ils en seront requis.

Art. 50.

Un des soins principaux des agents consulaires doit être de veiller, autant que possible, à ce que les négociants, les capitaines, les subrécargues et autres sujets portugais, qui se trouveront dans leur district, agissent dans leurs affaires avec intégrité et bonne foi, afin de donner un bon renom à la nation portugaise.

Art. 51.

S'il parvient à la connaissance d'un employé consulaire que, dans son district, il se fait des importations et des exportations opposées aux lois des douanes portugaises, il devra aussitôt faire part au Ministre des Affaires Étrangères de tout ce qu'il saura à cet égard.

CHAPITRE IV.

DE L'AGENT CONSULAIRE CONSIDÉRÉ DANS SES RAPPORTS AVEC LA NAVIGATION.

MARINE MARCHANDE.

ART. 52.

Les consuls donneront toutes les informations relatives aux charges auxquelles est sujette la navigation, afin que l'on puisse empêcher qu'il ne soit exigé des navires portugais des droits illégaux ou plus forts que ceux que payent les autres nations dans des circonstances analogues.

ART. 53.

Ils annonceront l'établissement ou la suppression des phares, des balises, des bouées, et les changements les plus remarquables survenus dans les bancs de sable, dans les bas-fonds, dans la direction des courants, l'ouverture ou la fermeture des barres; ils enverront les cartes, les plans, les observations et tous les documents hydrographiques publiés à ce sujet.

ART. 54.

Les capitaines et maîtres des navires marchands portugais, arrivant aux ports de leur destination où il y aura un employé consulaire, devront se présenter à lui dans les vingt-quatre heures après avoir jeté l'ancre.

Les susdits capitaines ou maîtres porteront avec eux les papiers suivants :

1° Le certificat d'enregistrement du navire, fait conformément aux §§ 1316 à 1319 du Code de commerce (Annexe D);

2° Le passe-port royal, d'après les dispositions de la loi du 14 juillet 1848 (Annexe E);

3° Le rôle de l'équipage;

4° Le billet de santé;

5° Le manifeste du chargement et le permis de la douane;

6° Le journal du bord, dans la forme prescrite par les §§ 1405 à 1407 du Code de commerce (Annexe F);

7° La liste des passagers.

Les trois premiers documents resteront entre les mains du Consul, qui les rendra, visés, datés et signés, lorsque le navire partira.

ART. 55.

L'agent consulaire pourra, lorsqu'il le jugera à propos, se rendre à bord afin de vérifier l'exactitude du contenu des papiers dont fait mention l'article précédent, ainsi que pour s'assurer de l'existence de ceux qui sont déterminés par le Code de commerce, § 1379 (Annexe G).

. Le journal de bord sera contre-signé par lui; il y ajoutera les observations qu'il jugera convenables et déclarera s'il remplit les conditions de l'art. 1377 du Code de commerce (Annexe H).

ART. 56.

Le Consul exigera donc qu'on lui présente le livre du chargement, qui devra contenir l'entrée et la sortie des marchandises qui, pendant ce voyage, auront été chargées ou déchargées, avec la désignation de leur espèce, des marques et des numéros des colis, des noms des chargeurs et des consignataires, des ports où les chargements et les déchargements ont été effectués, ainsi que les frets exigibles. Le Consul examinera d'après ce livre s'il se trouve dans le chargement quelques objets dont l'exportation soit défendue en Portugal, et il vérifiera si les droits d'exportation ont été dûment payés dans les douanes portugaises Il vérifiera de même si sur ce livre sont portés, comme ils doivent l'être, les noms, les lieux de départ et les lieux de destination de tous les passagers, et s'il est signé par le capitaine. Le Consul prendra note de tout, afin de pouvoir dresser les tableaux de navigation et de commerce qu'il doit envoyer, aux époques précitées, au Ministère des Affaires Étrangères.

Art. 57.

Si, dans le cours du voyage, il devient nécessaire de faire des réparations ou d'acheter des vivres, et que les circonstances ou l'éloignement du domicile des propriétaires du navire ou du chargement ne permettent point au capitaine de solliciter et d'attendre leurs ordres, l'agent consulaire pourra, après que le capitaine en aura prouvé la nécessité, par un acte signé par les principaux hommes de l'équipage, lui accorder l'autorisation de faire faire les dites réparations ou d'acheter les vivres nécessaires, et il suivra, à cet égard, ce qui est prescrit dans le § 1394 du Code de commerce (Annexe I).

Art. 58.

S'il y a eu allégement, l'employé consulaire pourra recevoir le serment du capitaine et des témoins nécessaires à ce dernier pour prouver que les faits qui ont rendu l'allégement indispensable sont vrais; ces faits doivent être mentionnés dans la délibération inscrite sur le journal de bord, comme l'ordonne le § 1388 du Code de commerce (Annexe J).

Art. 59.

Lorsqu'un navire, ayant souffert quelque avarie dans sa coque, sera, par force majeure, obligé à relâcher dans un port où il y aura un agent consulaire portugais, celui-ci examinera le rapport testimonial et la protestation que le capitaine devra avoir dressée sur cet événement, et le fera ratifier après enquêtes et visite à bord, et le contre-signera enfin en déclarant la date de sa présentation.

Art. 60.

L'agent consulaire dressera ensuite un procès-verbal d'examen de l'avarie, conjointement avec les experts nécessaires, et en donnera au capitaine ou maître un acte signé par lui et les témoins, et scellé du sceau consulaire, afin que cette pièce fasse foi en justice.

Art. 61.

Si l'agent consulaire s'aperçoit que le capitaine ou maître, en faisant réparer les avaries ou procéder à toute autre opération à la charge des armateurs ou des assureurs, a commis quelque dol à leur préjudice, il tâchera de se procurer tous les renseignements qui peuvent le faire parvenir à la connaissance de la vérité et les transmettra au Ministre des Affaires Étrangères; et, en cas d'urgence, il pourra aussi les adresser directement aux parties intéressées.

Art. 62.

Le déchargement du navire ne peut avoir lieu dans le port de relâche que dans le cas où l'agent consulaire, ou, à son défaut, l'autorité locale dûment informée par des personnes compétentes, le jugerait indispensable pour la réparation du navire, ou pour remédier à quelque avarie survenue dans le chargement ; et, dans ce cas-là, on pourra donner l'autorisation exigée par le § 1616 du Code de commerce (Annexe K).

Art. 63.

Si, par un juste motif, le capitaine est forcé de changer son itinéraire, relativement aux ports où il devait aborder, l'agent consulaire mentionnera dans le visa du passe-port ce changement qu'il autorisera.

Art. 64.

Si le capitaine vient à mourir, ou s'il se trouve dans l'impossibilité de continuer à commander le navire, l'agent consulaire pourra, dans le visa susmentionné, autoriser le pilote ou le contre-maître à compléter le voyage: ce dont il donnera avis à la douane où le navire devra faire son déchargement. En aucun autre cas, le changement de capitaine, avant la fin du voyage, ne pourra être admis.

Art. 65.

S'il parvient à la connaissance de l'agent consulaire qu'un navire portugais se trouve en péril, ou ait échoué sur la côte dans quelque partie de son district, il s'y rendra, ou y enverra un délégué, afin de prendre toutes les mesures possibles pour porter secours au navire ou pour en sauver les personnes et le chargement. Toutes les mesures relatives au sauvetage et à la garde des objets naufragés seront prises de commun accord avec le capitaine et les officiers du navire, et les consignataires, s'il s'en trouve présents ; et on devra se conformer aux lois et aux coutumes de la localité, de même qu'aux dispositions contenues dans les §§ 1584 à 1609 du Code de commerce, dans la partie qui y est applicable (Annexe L).

Art. 66.

En l'absence des consignataires, l'agent consulaire fera toutes les requêtes et les protestations nécessaires, à l'effet d'obtenir main-forte en cas de besoin et d'empêcher par là les vols qui pourraient avoir lieu ; il dressera inventaire des objets sauvés, veillera à leur bonne garde et aux intérêts des ayant-droit ; il procédera à la vente de ceux qui, par leur nature corruptible, ne sauraient être conservés ; devant se conformer en tout aux lois et coutumes locales, aux dispositions de la législation portugaise, et particulièrement aux articles du Code de commerce mentionnés dans l'article précédent, dans la partie qui y est applicable ; il prendra toutes les mesures que les circonstances réclameront, afin de diminuer, autant que possible, les conséquences du désastre.

Le Consul donnera avis au Ministère des Affaires Etrangères de tout ce qu'il aura fait dans ces circonstances.

Art. 67.

Si les consignataires du navire naufragé sont connus dans le port pour lequel il était destiné, l'agent consulaire leur annoncera aussitôt le sinistre, afin qu'ils prennent les mesures qu'ils jugeront convenables.

Lors du naufrage d'un navire marchand, s'il se présente des personnes proposées par les propriétaires, les armateurs, les consignataires ou les assureurs, pour être chargées de la garde des objets sauvés, elle devront être préférées pour la garde et la disposition de ces objets. Dans ce cas, l'agent consulaire n'aura pas droit à la commission indiquée dans le tableau des émoluments ci-joint, et se bornera à percevoir les émoluments provenant des certificats, attestations, etc., qu'il aura à délivrer conformément au présent règlement.

Art. 69.

Les frais de sauvetage, ainsi que les salaires, la solde et les subsides à accorder à l'équipage seront tirés du produit de la vente des objets sauvés, conformément à ce qui est établi par les §§ 1464 et 1466 du Code de commerce (Annexe M).

Art. 70.

L'agent consulaire devra solliciter l'appui de l'autorité locale dans toutes les circonstances qui pourraient exiger l'emploi de la force publique. En cas de vol ou de tentative de vol des objets confiés à sa garde, il indiquera les criminels à la justice de l'endroit, en exigeant leur punition.

Art. 71.

L'agent consulaire fera tous ses efforts près des autorités du pays pour en obtenir la réduction ou l'exemption des droits sur les marchandises qui se trouveront avariées par le naufrage, ou dont les circonstances exigeront la vente.

Art. 72.

Si, au mépris des traités, des conventions, ou du droit de réciprocité, les autorités locales, dans les pays où il est en usage qu'elles fournissent exclusivement leur secours pour le sauvetage des navires, exigeaient des droits supérieurs à ceux qui sont fixés par les tarifs des douanes ou par l'usage, ou si de toute autre manière il était porté atteinte au droit de propriété des Portugais, il appartient aux agents consulaires respectifs de faire les protestations ou les représentations convenables.

Ils devront agir de la même manière, si les susdites

autorités leur contestent le droit de gestion du sauvetage des navires portugais, dans les pays où ce droit leur est accordé soit par des traités ou des conventions, soit en vertu du principe de réciprocité.

ART. 73.

Lors de l'expédition d'un navire portugais, l'agent consulaire examinera si les droits de port, de douane, ainsi que tous ceux auxquels le navire est astreint par les lois du pays, ont été dûment payés; si les différentes administrations ont déclaré ne mettre aucun empêchement à son départ; il vérifiera par la matricule de l'équipage si le navire emmène toutes les personnes qui y sont inscrites, et, dans le cas où quelqu'une aurait été débarquée avec ou sans son autorisation, mention en devra être faite sur la matricule.

ART. 74.

En cas d'expédition de navires-étrangers pour les ports du royaume de Portugal, l'agent consulaire devra :

1° Exiger le passe-port de leur Gouvernement respectif, ainsi que la matricule faite par l'autorité compétente;

2° Remettre un rôle de l'équipage d'après le modèle annexé au présent règlement, et observer tout ce qui est ordonné à ce sujet.

ART. 75.

Les navires en destination aux ports de Portugal devront être munis par l'agent consulaire respectif d'une lettre de santé nette, suspecte ou impure, selon l'état sanitaire de son district; il pourra apostiller celles qui auront été délivrées par l'autorité locale, conformément aux instructions qu'il aura reçues du conseil de santé publique du royaume.

Art. 76.

Les capitaines et maîtres de bâtiments portugais qui seront prêts à mettre à la voile, après avoir annoncé d'avance à l'agent consulaire le jour où ils veulent partir, le port de leur destination et ceux où ils ont l'intention de toucher, présenteront personnellement un exemplaire de chaque connaissement et deux manifestes, conformément à la circulaire du 9 octobre 1839 (Annexe N), ainsi que les passe-ports des passagers et les expéditions de la douane.

Art. 77.

Si le navire est sur lest, le manifeste sera substitué par une déclaration indiquant la quantité et la qualité du lest qu'il aura mis à bord.

Art. 78.

Les connaissements devront être signés par le capitaine, et indiquer le nom du navire, la dénomination des marchandises, la marque et le numéro des colis, leur poids ou leur dimension, les noms du chargeur, du consignataire, et le fret.

Art. 79.

Les manifestes, étant le sommaire du chargement, devront être scrupuleusement collationnés avec les connaismments.

Tout, dans ces documents, devra être écrit *en toutes lettres*, conformément à l'article 1er du chapitre 4 du décret du 10 juillet 1834 (Annexe O). Les manifestes doivent être écrits sur des feuilles entières, sans ratures ni corrections, et cousues ensemble; ils seront signés par les capitaines respectifs conformément à l'article 2 du chapitre précité.

Art. 80.

Le capitaine est tenu de se munir de nouveaux manifestes dans chaque port où il recevra du chargement; il les fera légaliser par l'agent consulaire, et, à son défaut, par les autorités locales respectives.

S'il s'y trouve la moindre différence, inexactitude, correction, rature ou entre-ligne, l'agent consulaire le spécifiera à la fin du manifeste.

Art. 81.

Les dispositions des articles précédents une fois remplies, l'agent consulaire devra viser, signer et sceller chaque connaissement; il les joindra au certificat et à un des manifestes, et les coudra ensemble, en faisant passer l'extrémité du ruban ou du fil sous la cire, et en la cachetant du sceau consulaire, en sorte qu'il soit impossible de lever le sceau sans que cela se connaisse.

Art. 82.

Si, après la légalisation du manifeste, il se présente un chargement additionnel, l'agent consulaire devra en faire la déclaration sur le manifeste original, et jamais sur une feuille séparée.

Art. 83.

L'employé consulaire transmettra au directeur de la douane du port de destination du navire le manifeste avec tous les connaissements cousus, cachetés et scellés, comme il est ordonné ci-dessus.

Art. 84.

Le duplicata du manifeste dont il est question dans l'article 76 sera légalisé par l'agent consulaire et remis au capitaine, qui devra le présenter au premier officier de la douane qui viendra faire la visite à bord au moment de son arrivée au port de sa destination.

Art. 85.

Si le manifeste, légalisé par un agent consulaire portugais, contient dans sa rédaction quelques-uns des défauts ou des vices qu'il aurait dû empêcher ou fait corriger avant de le légaliser, cet agent consulaire sera responsable des dommages que ces omissions ou ces irrégularités pourront avoir causés aux intéressés.

Art. 86.

Lorsque les connaissements et les manifestes auront rapport à des marchandises dont l'entrée est prohibée en Portugal et dans ses colonies, l'agent consulaire en devra avertir le capitaine; et, si celui-ci se refuse à les réformer, l'agent déclarera, dans le susdit manifeste, avoir rempli ce devoir.

Art. 87.

S'il y a certitude ou suspicion que le navire porte de la contrebande, l'agent consulaire en avertira la douane dans la dépêche qui est l'objet de l'article 83, et l'enverra, en double expédition, directement par la poste; il y donnera toutes les informations qu'il aura pu obtenir, pour faciliter la découverte de la vérité.

Art. 88.

Les capitaines ou maîtres de bâtiments portugais ou étrangers, partant des ports où il y aura un Consul ou un Vice-Consul pour un des ports de Portugal, sans avoir tous leurs documents légalisés, payeront, à la douane du port de leur destination, outre l'amende imposée par le décret du 10 juillet 1834 (Annexe P), les émoluments appartenant d'après la loi à l'agent consulaire respectif, lesquels resteront à sa disposition.

Art. 89.

L'agent consulaire informera tous les capitaines des navires allant en Portugal, et particulièrement les étrangers, lorsqu'il légalisera leurs papiers de bord, des obligations qu'ils auront à remplir à leur arrivée au port de leur destination, et surtout de ce qui est ordonné relativement à la remise des lettres (Annexe 2).

Art. 90.

Il est aussi du devoir de l'agent consulaire d'avertir les chargeurs et les capitaines de navire dont fait mention l'article précédent :

1° Que l'importation, pour consommation ou par dépôt, de soies manufacturées, n'est permise au commerce que dans des colis ne pesant pas moins de cent livres (50 kilos), poids net; que cependant ces mêmes soieries peuvent être importées en moins grande quantité, mais qu'il faut qu'elles soient jointes à d'autres tissus quelconques dans des colis ne pesant pas moins de 4 arrobas (64 kilos), poids net. Sont toutefois exceptés : les soies écrues, les soies brutes, les soies grèges, les trames ou rebuts, les étoffes ou marchandises dans la composition desquelles il entre de la soie mêlée avec de la laine, du coton ou d'autres matières; les objets manufacturés qui ne sont point soumis aux droits d'après leurs poids, tels que les chapeaux, etc.; ainsi que toutes les soieries qui, sous une forme quelconque, seront directement importées des provinces portugaises d'outre-mer sur des navires également portugais. Toutes ces marchandises seront admises, quel que soit le poids des colis, pourvu que leur provenance soit convenablement légalisée , (d'après ce que déterminent les ordonnances du Ministère des Finances du 16 novembre 1847 et du 27 mars 1849 (Annexe R), qui ont modifié le N. B. de la classe 8ᵉ du tarif général des douanes).

2° Que les vins et les liqueurs doivent être importés soit dans des tonneaux qui ne contiennent pas moins de 15 almudes (litres), soit dans des caisses et autres colis ne contenant pas moins de 24 bouteilles d'une demi-canada (litre), ou de 48 bouteilles d'un quartilho (litres), mesures de Lisbonne (classe 1ʳᵉ du tarif général des douanes).

3° Que la bière peut être importée dans des tonneaux ou caisses ne contenant pas moins de 36 bouteilles d'une demi-canada (litre), ou 72 bouteilles d'un quartilho (litre), mesures de Lisbonne (classe 1ʳᵉ du même tarif général des douanes).

4° Que les tissus de coton, de laine, de soie, de fil ; les ouvrages faits avec ces tissus ; le thé, le vin et les boissons spiritueuses ou fermentées ; les vinaigres, la bière, les légumes, l'huile d'olive, de navet, et les bijouteries, ne peuvent être admis en douane pour consommation ou par dépôt, dans le continent du Royaume, qu'à Lisbonne et à Porto ; dans l'île de Madère, à Funchal ; dans les îles des Açores, à Angra, à Horta et à Ponta-Delgada.

Art. 91.

Dans les ports où les navires toucheront ou entreront en relâche, dans leur voyage pour le Portugal, les agents consulaires déclareront sur la lettre de santé l'état sanitaire de leur district ; ils examineront si tous les papiers de bord sont en règle. S'ils y trouvent quelque erreur, ils en avertiront tout de suite, par la poste, le Ministre des Affaires

Etrangères, et le directeur de la douane respective par la voie du même navire.

ART. 92.

L'agent consulaire à Elseneur continuera à exécuter ce qui a été ordonné relativement aux papiers des navires qui passent le détroit du Sund pour se rendre en Portugal.

ART. 93.

Outre ce que détermine l'article 188, l'agent consulaire peut, dans les cas prévus au titre VIII du Code de commerce, et spécialement dans les §§ 1449, 1468, 1487, 1488, 1489, 1491, 1492, 1616 et 1839 (Annexe S), être appelé à prononcer un jugement non-seulement sur ce qui regarde les devoirs particuliers, mais encore sur les conventions spéciales entre le capitaine et l'équipage du navire.

ART. 94.

En cas de désertion de quelques matelots portés sur la matricule, le capitaine ou maître devra remettre par écrit à l'agent consulaire une déclaration contenant les prénoms, les noms et les surnoms, la qualité et le signalement des déserteurs, afin que l'agent consulaire en puisse réclamer la capture aux autorités locales. S'ils ne lui sont point remis avant le départ du navire, il donnera au capitaine ou maître les certificats nécessaires à sa justification. Dans le cas où l'agent consulaire recevrait une réponse négative à sa réclamation, ou souffrirait une difficulté quelconque de la part des susdites autorités, il leur adressera les représentations et les protestations convenables, et fera aussitôt part de tout cela au chef de la mission portugaise, ainsi qu'au Ministre des Affaires Etrangères.

Art. 95.

En cas que le navire ne continue pas son voyage, les officiers et matelots recevront le double de leur solde, et en outre les sommes nécessaires pour leur retour au point de leur départ, conformément à ce qui est ordonné par le § 1457 du Code de commerce (Annexe T). L'indemnité de retour est calculée en proportion de la solde stipulée pour les officiers aussi bien que pour les matelots. En cas de contestation sur le chiffre, l'agent consulaire en décidera.

Art. 96.

En cas de prise et de confiscation, de bris et de naufrage avec perte complète du navire et des marchandises, les officiers non plus que les matelots de l'équipage ne pourront exiger aucune solde; ils ne seront cependant point obligés à rembourser les avances qui leur auront été faites, dans les termes du § 1463 du Code de commerce (Annexe U). Si une partie du navire ou de son chargement vient à être sauvée, les officiers et l'équipage seront payés du produit de la vente des objets sauvés; si la somme n'est point suffisante et qu'il y ait des marchandises de sauvées, ils seront subsidiairement payés sur le fret (§ 1464 du Code de commerce [Annexe M]).

Art. 97.

Lorsqu'il aura été impossible de sauver aucune partie du chargement, et que le produit des épaves ne sera pas suffisant pour satisfaire aux dépenses occasionnées par le sauvetage, ainsi que pour fournir aux naufragés les secours indispensables et les sommes nécessaires à leur transport, l'agent consulaire fera les avances du reste et en obtiendra le remboursement du Ministère des Affaires Etrangères.

Art. 98.

Quelle que soit la manière dont on sera convenu de payer les gens de l'équipage, les journées employées au sauvetage leur seront payées, et ils auront droit à une récompense extraordinaire, conformément au § 1466 du Code de commerce (Annexe M), lorsqu'ils auront donné des preuves d'une activité particulière couronnée de succès.

Art. 99.

Le Consul pourra autoriser l'annulation du contrat fait entre le capitaine et les officiers, ou les gens de l'équipage, dans les cas prouvés de mauvais traitements, de manque de nourriture, ou par toute autre raison de même poids, ainsi que dans le cas où la résiliation du contrat serait demandée de commun accord; déclaration en sera faite par lui sur le rôle de l'équipage.

Art. 100.

Si un individu quelconque, embarqué sur un navire portugais, soit comme matelot, soit comme passager, se trouvant dénué de tout, est débarqué pour cause de maladie grave, le Consul exigera du capitaine une déclaration formelle, et le fera admettre dans un hôpital, où il ira le visiter ou le fera visiter pour s'assurer qu'il est bien soigné et voir s'il manque de quelque chose. Les dépenses dûment justifiées seront remboursées au Consul de la manière autorisée pour des payements analogues. Aussitôt rétabli, le malade sera renvoyé en Portugal.

Art. 101.

Les capitaines ou maîtres des navires portugais sont obligés de recevoir à bord, par ordre du Consul, les individus et les matelots portugais appartenant à des navires naufragés ou abandonnés, ainsi que tous autres sujets portugais qui auraient été laissés à terre dans l'abandon, pour une cause quelconque indépendante de leur volonté. Ceux-ci rempliront les vides qui pourraient exister dans l'équipage et recevront la solde et la ration. S'il n'y a point de vides, ils seront distribués sur les navires partant des ports du district consulaire pour le Portugal; leur nombre ne devra cependant pas excéder le tiers de l'équipage du navire Dans le cas, toutefois, où les capitaines donneraient des raisons motivées de refus, l'agent consulaire pourra les dispenser de cette charge.

Art. 102.

Les individus mentionnés dans les articles ci-dessus seront transportés gratuitement, s'ils s'engagent à travailler à bord pour leur passage et leur nourriture. Si cependant le capitaine refuse de les prendre à cette condition, leur passage sera payé à raison de 200 reis (1 fr.) par jour, à compter du jour de leur embarquement jusqu'au jour de leur arrivée à destination. Cette dépense sera payée par le Ministère des Affaires Étrangères, et, pour en obtenir le payement, le capitaine du navire devra être muni d'une feuille de route gratuitement délivrée par le Consul, sur laquelle seront mentionnés toutes les circonstances de cette affaire et le jour de l'embarquement des matelots.

Art. 103.

Lorsque les matelots appartiendront à des navires vendus ou condamnés comme innavigables, les frais de transports seront payés, après la traversée, par les propriétaires des susdits navires.

Art. 104.

Si les circonstances exigent que les naufragés soient transportés en Portugal sur un navire étranger, l'agent consulaire conviendra avec le capitaine des conditions du passage, et autant que possible dans les termes de l'article 102.

Art. 105.

N'ont pas droit à la protection de l'agent consulaire les sujets portugais servant à bord de navires étrangers, à moins cependant qu'ils ne prouvent qu'ils ont été forcés de le faire.

Art. 106.

S'il arrive qu'un matelot portugais ait été emmené de force pour servir à bord d'un navire de guerre étranger, l'agent consulaire s'adressera à l'autorité compétente, en demandant la remise dudit matelot. Si cependant il n'était pas écouté, il en référera au fonctionnaire diplomatique respectif.

Art. 107.

Si un sujet portugais commet un délit à bord d'un navire marchand national, l'agent consulaire, à l'arrivée du navire, transcrira du journal de bord l'exposition du fait, ou le procès-verbal qui en aura été dressé par les officiers du navire ; il tâchera d'y joindre toutes les preuves qu'il pourra recueillir, et procédera à une enquête et à l'audition de témoins, auxquels il fera signer leurs dépositions, qui seront contre-signées par l'agent consulaire.

Art. 108.

Si le délit est grave, le coupable sera conservé en prison à bord, ou l'on sollicitera de l'autorité locale sa détention dans la prison de la ville, si cela semble plus convenable.

Aussitôt que faire se pourra, le coupable sera renvoyé par-devant le tribunal de son domicile ou à un tribunal compétent, avec son procès, qui sera remis cacheté et scellé au capitaine, afin qu'il le remette avec le prisonnier à son arrivée en Portugal. Le Consul fera du tout un rapport détaillé, qu'il enverra au Ministère des Affaires Etrangères.

Art. 109.

L'agent consulaire exercera la même autorité pour toutes les violences, délits ou crimes commis à bord de navires portugais à l'ancre, dans un endroit ou dans un port quelconque de son district, par des matelots ou autres personnes existantes à bord, ou par l'équipage d'un autre navire portugais. Il ne permettra pas que les magistrats ou les tribunaux de l'endroit interviennent dans l'affaire, excepté si la tranquillité du port a été troublée, ou que des personnes étrangères au navire aient pris part au délit ou au crime commis. Si quelques-uns des individus du navire impliqués dans l'affaire sont étrangers, il invitera l'agent consulaire de la nation à laquelle appartiendra le coupable à venir assister à l'instruction du procès, s'en rapportant pour tout le reste à ce qui est ordonné dans l'article précédent.

Art. 110.

L'agent consulaire aura le plus grand soin d'assister à

toutes les perquisitions que les autorités locales auront à
faire à bord des navires portugais à l'ancre dans le port ,
ainsi qu'aux visites domiciliaires , recherches de papiers
ou de marchandises, dans les résidences ou les magasins
des sujets portugais , afin de s'opposer à tout abus ou
vexation que l'on pourrait tenter d'y pratiquer.

Art. 111.

Les agents consulaires ne permettront pas qu'il soit procédé à la vente d'un navire portugais dans leur district
sans qu'ils y président, ayant soin de vérifier d'abord si
le capitaine ou l'agent chargé de la vente est dûment autorisé à la conclure.

Lorsque le contrat de la vente, auquel on joindra l'autorisation, aura été dressé, et lorsque le navire passera en
la possession d'étrangers , l'agent consulaire recueillera
ou fera recueillir tous les documents du navire vendu qui
prouvaient sa nationalité , et les enverra au Ministère des
Affaires Etrangères pour qu'il leur donne la destination
convenable. Il en sera de même lorsqu'un navire sera
vendu pour cause d'innavigabilité légitimement prouvée,
ou d'abandon de la coque après naufrage.

Dans l'une ou l'autre de ces deux hypothèses, la vente
aura lieu à l'enchère publique et sera préalablement annoncée par des avis affichés.

Art. 112.

L'agent consulaire aura droit d'inspection sur l'achat
d'un navire étranger fait , dans son district , par un sujet
portugais dans l'intention de le nationaliser : il examinera alors si le contrat de vente est en règle d'après la
législation du pays où la vente a eu lieu ; s'il y a eu quittance ou réserve, relativement aux créances privilégiées
auxquelles le navire pourrait être considéré comme sujet ;

quelle en est la qualité et le jaugeage, et enfin si quelque étranger y a secrètement quelque part. Après que toutes ces investigations auront été faites, il légalisera le contrat de vente et observera que, pour qu'un navire étranger puisse porter le pavillon portugais, il faut qu'il soit enregistré à l'intendance de marine de Lisbonne, conformément au § 1318 du Code de commerce (Annexe V); que ledit enregistrement pourra être fait soit par la venue du navire à Lisbonne avec le passe-port provisoire autorisé par l'art. 9 de la loi du 14 juillet 1848 (Annexe E), soit en vertu de l'engagement pris par le propriétaire du navire de présenter à la susdite intendance le certificat du jaugeage du navire, dans le cas où ce jaugeage pourrait être fait selon les dispositions de la loi du 24 avril 1844 (Annexe X), afin qu'à la vue de ce document l'enregistrement en soit fait, après le payement des droits dont le propriétaire devra donner caution au Consulat respectif, lors de la signature de la déclaration relative au payement des susdits droits indiqués dans l'ordonnance du 6 juillet 1847 (Annexe Y), vu que ce n'est qu'après ce payement effectué que le passe-port royal pourra être délivré.

Art. 113.

L'agent consulaire délivrera un passe-port pour son premier voyage au port de Lisbonne, en remplacement du passe-port royal de navigation ordonné par la loi du 14 juillet 1848, art. 9 (Annexe E), au navire qui aura été jugé bonne prise ou à celui qui, étant de construction portugaise, après avoir appartenu à l'étranger, rentrerait en la possession d'un sujet portugais. Il pourra aussi délivrer un passe-port avec réserve, et remplacer de même quelques-uns des documents de bord indiqués dans le § 1379 du Code de commerce (Annexe G), mais cela seulement pour terminer la traversée, et non pour un nouveau voyage, lorsque le capitaine affirmera sous serment que ses papiers ont été perdus. Mais dans ce cas l'employé consulaire devra examiner avec le plus grand soin s'il y a fraude de la part du capitaine, ce qu'il connaîtra par l'examen du journal de bord, des connaissements et des autres papiers, en confrontant ce qu'il trouvera avec les allégations du capitaine.

Art. 114.

A l'arrivée, dans un port étranger où résidera un agent consulaire portugais, d'une prise faite par un navire de guerre de Sa Majesté, ou par un corsaire national porteur de lettres de marque, le susdit agent commencera par vérifier la lettre de marque, et ensuite les passe-ports, les manifestes, les factures, les connaissements du chargement et tous les autres papiers servant à prouver la propriété du navire et des marchandises capturées. Il dressera enfin un procès-verbal de l'évaluation de la prise et un inventaire exact des marchandises et autres objets capturés ; cet inventaire sera signé par le capitaine de la prise, par deux témoins et par l'employé consulaire. Les mêmes mesures devront être prises lors de l'entrée d'un navire neutre retenu ou séquestré par une force maritime portugaise.

Art. 115.

Le Consul enverra un duplicata du procès-verbal et de l'inventaire mentionnés dans l'article précédent au Président du tribunal de commerce de seconde instance, ainsi que tous les papiers appartenant à la prise. Il assistera à la vente à l'enchère de tous les objets susceptibles de détérioration, ainsi que de la prise; il inscrira sur ses registres les prix auxquels auront été vendus les uns et les autres, en indiquant les noms des acheteurs. Ce compte sera enfin signé par lui, par le commissaire-priseur chargé de la vente et par le représentant des capteurs, auxquels il en sera délivré une copie. Lorsque la vente aura été effectuée avant le jugement, le produit en sera mis en dépôt. Il n'est pas permis à l'agent consulaire de s'intéresser dans les navires destinés à la course, d'acheter, ni de se faire adjuger les prises ou les objets appartenant à ces prises ou aux navires naufragés.

Art. 116.

Quand, au contraire, un bâtiment portugais capturé par une force ennemie entrera dans un des ports du district consulaire, l'agent tâchera de s'informer si le navire capturé ne se trouve pas dans le cas d'être réclamé, et il fournira là-dessus tous les éclaircissements nécessaires dans l'information qu'il en donnera au Ministère des Affaires Etrangères et au fonctionnaire diplomatique accrédité près la puissance respective. Le susdit agent consulaire fournira les secours nécessaires aux officiers, à l'équipage et aux passagers du navire capturé, et fera tout ce qui dépendra de lui dans les intérêts des propriétaires du navire et du chargement.

Art. 117.

Si quelques navires portugais à l'ancre, dans les ports d'un district consulaire, sont retenus ou séquestrés en vertu d'ordres d'un Gouvernement étranger, le Consul ou le Vice-Consul devra employer tous ses efforts afin d'obtenir qu'ils soient relâchés et qu'il leur soit alloué des dommages-intérêts, s'il y a lieu d'en réclamer. Cependant, tant que ses démarches n'auront point eu de résultats, il prendra les mesures nécessaires à la conservation des équipages, de leur police à bord , ainsi que celles qui ont rapport à la sûreté des hommes qui seront à terre.

L'agent consulaire donnera aussitôt avis de tous ces événements au chef de la légation qu'il y aura dans le pays, ainsi qu'au Ministre des Affaires Etrangères.

Art. 118.

L'agent consulaire devra veiller à ce que les capitaines ou maîtres des navires ne renvoient aucun de leurs matelots en pays étranger. Il pourra toutefois, en conséquence des plaintes, ou sur la demande du capitaine ou des matelots, et après les avoir entendus contradictoirement, ordonner ou autoriser le débarquement d'un ou plusieurs marins pour des motifs graves. Dans ce cas, il appartient à l'agent consulaire de décider si le transport des matelots en Portugal devra être à leurs frais ou aux frais des capitaines.

Art. 119.

Lorsque, par mauvaise conduite, imprévoyance ou ignorance, les capitaines ou maîtres de navire auront notoirement compromis la sûreté de leurs équipages et les intérêts des propriétaires ou des armateurs de ces navires , il est du devoir de l'agent consulaire d'avertir le Gouvernement de Sa Majesté de ce qui sera arrivé.

Art. 120.

Lorsque l'agent consulaire aura accordé à un capitaine ou maître de navire l'autorisation de contracter un emprunt sur le chargement, la coque, les agrès, et généralement sur tous les objets appartenant au navire, afin de subvenir aux besoins de ce navire, il en donnera aussitôt avis aux intéressés.

Art. 121.

Les agents consulaires sont tenus, sous leur responsabilité, de rendre tous leurs papiers aux navires prêts à
mettre à la voile dans les vingt-quatre heures qui suivront
la remise des manifestes. Les capitaines ou maîtres qui,
les premiers, auront remis leurs papiers, seront les premiers dépêchés.

Marine de guerre.

Art. 122.

Aussitôt qu'un navire de guerre national aura jeté
l'ancre dans un port où résidera un agent consulaire, le
commandant enverra un de ses officiers lui annoncer son
arrivée.

Le même jour, ou le lendemain au plus tard, la première visite officielle sera faite par l'agent consulaire s'il
est inférieur ou même égal en grade au commandant, et
par le commandant si l'agent consulaire a un grade supé-
rieur au sien.

Le consul général sera salué à son arrivée à bord de
neuf coups de canon ; le commandant ira l'attendre au
haut de l'échelle ; l'équipage sera rangé en ligne, au port
d'armes ; le Consul sera salué de sept coups de canon, le
Vice-Consul de cinq.

Pour que l'agent consulaire ait droit aux honneurs dus
à son rang, il devra se présenter en uniforme.

Art. 123.

Les employés consulaires, lorsqu'ils en sont requis par
les commandants des navires de guerre nationaux, leur
fourniront tous les secours en leur pouvoir pour la réus-

site de leur voyage. Quant aux fournitures que les employés consulaires auront à faire en pareil cas, ils devront se conformer à ce qui se trouve établi dans les ordonnances du 14 mars 1836 et du 9 février 1846 (Annexe Z). Ils en feront part au Ministère des Affaires Étrangères, afin que le compte, accompagné de tous les documents indispensables, puisse être soldé par le Ministère de la Marine.

Art. 124.

Si le commandant d'un navire de guerre est forcé, par un accident quelconque, à couper ses amarres ou à laisser à terre des munitions ou des objets appartenant au navire qu'il commande, les employés consulaires feront aussitôt repêcher les ancres, emmagasiner les munitions ou autres objets, et remettront par la première occasion tous ces articles à l'arsenal de marine.

Si cependant ces objets étaient trop endommagés et ne pouvaient ni se conserver ni servir, ou si les frais de remise en absorbaient la valeur, les Consuls sont autorisés à les faire vendre à l'enchère, en en rendant tout de suite compte au Gouvernement.

Art. 125.

En cas de naufrage, les agents consulaires prendront avec tout le zèle possible les mesures nécessaires pour le salut du navire, de commun accord avec le commandant et les officiers respectifs, et mettront en lieu de sûreté les épaves.

Si les agrès, les appareils et autres objets sauvés, quoique avariés, sont encore en état d'être conservés et de servir, ils en feront part au Gouvernement, afin qu'il en ordonne ce qu'il jugera convenable.

Art. 126.

Lorsque quelques matelots appartenant à des navires de guerre auront été débarqués pour cause de maladie, l'agent consulaire prendra toutes les mesures pour que la dépense qu'ils auront occasionnée soit ponctuellement soldée. A défaut d'autres navires de guerre présents ou annoncés pour une époque rapprochée, l'agent consulaire renverra les susdits matelots en Portugal sur des navires marchands. Il est bien entendu que tous les frais faits à cette occasion seront remboursés par le Ministère de la Marine, sur la présentation des comptes dûment dressés et accompagnés des pièces à l'appui.

CHAPITRE V.

DES RELATIONS DES AGENTS CONSULAIRES ENTRE EUX ET AVEC LES DIFFÉRENTES AUTORITÉS.

Art. 127.

Le Consul Général représente l'autorité consulaire portugaise dans tout son district.

Art. 128.

Les Consuls Généraux n'ont aucune autorité sur les Consuls, pour ce qui regarde l'exercice particulier de leurs attributions dans les ports de leur district consulaire. Ils devront cependant leur communiquer les ordres supérieurs qu'ils auront reçus et qui leur seront applicables; exiger d'eux les informations nécessaires ou importantes relatives au service, ainsi que les renseignements indispensables pour dresser les états d'importation et d'exportation qu'ils doivent envoyer au Gouvernement aux époques marquées. Il est également du devoir des Consuls Généraux, en cas extrême, de donner avis au Ministère des Affaires Etrangères et au chef de la Légation de Sa Majesté, dans l'Etat de leur résidence, de tout abus ou prévarication qu'ils auront observés dans la conduite des Consuls.

Art. 129.

Les Vice-Consuls dépendent complétement des Consuls sous les ordres desquels ils servent, et doivent par conséquent exécuter ce qui leur sera ordonné par eux pour le bien du service public, et les informer de tout ce qui pourra intéresser ce service ou les nationaux, et mettre à leur disposition tous les livres et les papiers appartenant aux archives, lorsque les Consuls jugeront convenable de faire une tournée dans leur district, afin de voir par eux-mêmes si les dispositions du présent règlement sont fidèlement exécutées.

Art. 130.

Les Vice-Consuls peuvent, en cas de besoin, demander à leurs Consuls respectifs jusqu'à trois mois de congé, mais ils chargeront une personne ayant les qualités nécessaires de les remplacer dans leurs fonctions.

Art. 131.

Les Vice-Consuls correspondent uniquement avec les Consuls, excepté en cas d'urgence, lorsqu'une mesure prompte et supérieure deviendra nécessaire; ils devront alors correspondre directement avec le Ministère des Affaires Etrangères, sans cependant manquer d'en informer les Consuls respectifs.

Art. 132.

Les Consuls Généraux et les Cousuls sont responsables de tous les actes consulaires de leur district et des fautes commises par leurs Vice-Consuls, s'ils ne les ont immédiatement suspendus ou admonestés, suivant la gravité de la faute.

Art. 133.

Les Consuls ne pourront sortir de leur district pour plus d'un mois sans la permission du chef de la Légation; ils devront, en tous cas, laisser quelqu'un pour les remplacer. S'il ne se trouve point de représentant diplomatique dans le pays de leur résidence, ou si la permission dont ils auront besoin excède deux mois, ils devront s'adresser au Ministère des Affaires Etrangères.

Art. 134.

Les Consuls doivent correspondre régulièrement avec le Ministre des Affaires Etrangères. Ils pourront aussi communiquer avec les autres Ministres lorsque l'objet de la communication ressortira à leur administration; mais, dans ce cas, ils enverront leurs dépêches ouvertes ou sous sceau volant, renfermées dans une autre dépêche adressée au Ministre des Affaires Etrangères.

Art. 135.

Les Consuls feront part aux agents diplomatiques portugais, dans les Etats où ils serviront, de tout ce qu'ils jugeront convenable au bien du service public et des intérêts nationaux. Ils leur demauderont leur avis dans toutes les affaires difficiles qui se présenteront dans l'exercice de leurs fonctions; ils leur soumettront aussi toutes les représentations sur les affaires qui exigeront une mesure ou une résolution du Gouvernement des susdits Etats, afin que les agents diplomatiques puissent la solliciter.

ART. 136.

Il est du devoir des Consuls d'exécuter tous les ordres qui leur seront expédiés par le chef de mission, pourvu qu'ils ne se trouvent point en opposition avec les devoirs de leur charge, dont ils sont entièrement responsables.

ART. 137.

Dans leur correspondance et dans leurs rapports avec les autorités locales, les agents consulaires observeront toutes les bienséances et emploieront toute la circonspection nécessaire pour maintenir la bonne harmonie dans les relations

ART. 138.

Dans les pays où il n'y aura point de mission diplomatique portugaise, les Consuls s'adresseront aux Ministres d'Etat, ou aux autorités supérieures compétentes, pour réclamer des mesures quelconques de justice ou de nécessité impérieuse, particulièrement en faveur du commerce et de la navigation portugaise, lorsque les autorités locales ne pourront ou ne voudront pas faire droit à leurs réclamations; ils ne devront point oublier d'invoquer les stipulations des traités qui pourraient exister entre le Portugal et l'Etat où ils résident, ou les principes incontestables du droit des gens et de la raison universelle.

ART. 139.

Les Consuls correspondent aussi directement avec le Conseil de santé publique, auquel ils donnent avis de tous les cas de maladies épidémiques ou endémiques, et même épizootiques, qui se seront déclarées dans leur district ou dans les pays circonvoisins, s'il n'y a pas dans ces pays de Consul portugais; ils exécuteront tous les ordres et prendront toutes les mesures qui leur seront déterminées et recommandées par ledit Conseil. Ils porteront également à la connaissance du Ministre des Affaires Étrangères tous les renseignements qu'ils auront envoyés ou les mesures qu'ils auront prises dans ces conjonctures.

CHAPITRE VI.

DE LA SUSPENSION ET DE LA CESSATION DES FONCTIONS DES AGENTS CONSULAIRES.

Art. 140.

Le Consul ne peut qu'en cas de très grande urgence, et principalement si le Gouvernement de l'Etat où il réside l'exige pour un motif juste, être suspendu de ses fonctions par le chef de mission, qui prendra aussitôt toutes les mesures pour que le Vice-Consul le remplace dans ses fonctions, et à défaut, ou en cas d'empêchement du Vice-Consul, il nommera une autre personne qui soit en état de remplir parfaitement les fonctions consulaires.

Les Vice-Consuls peuvent aussi être suspendus de leurs fonctions par le Consul dont ils dépendent, si le bien du service l'exige. Les chefs de mission, aussi bien que les Consuls, feront part aussitôt au Ministre des Affaires Étrangères des motifs qui ont occasionné cette suspension.

Le Gouvernement de Sa Majesté peut seul démettre un agent consulaire.

Art. 141.

S'il arrive que le Gouvernement du pays où réside le consul lui retire arbitrairement l'*exequatur*, sans même l'autoriser à déléguer provisoirement ses attributions consulaires, le Consul devra protester contre toutes pertes et dommages qui pourront résulter de ce fait au commerce, à la navigation et aux intérêts nationaux.

Art. 142.

Non-seulement dans les circonstances auxquelles a rapport l'article 140 ci-dessus, mais encore dans tous les cas imprévus où l'agent consulaire peut se voir forcé d'abandonner son poste, il devra remettre les archives à la mission diplomatique portugaise, s'il y en a une; et, dans le cas contraire, après les avoir scellées du sceau royal, les remettre entre les mains des autorités locales, pour qu'elles les conservent en dépôt. Si toutefois il le juge préférable ou plus convenable, il pourra les déposer à la Légation ou dans la Chancellerie consulaire de la nation la plus liée d'amitié ou de parenté avec le Portugal, ou les confier, après les avoir dûment cachetées et scellées, à deux honnêtes négociants portugais, ou, à leur défaut, à deux étrangers, en présence de deux témoins, après avoir numéroté les paquets ou dossiers, dont il exigera un reçu, et il dressera enfin un procès-verbal, dont copie authentique sera envoyée au Ministère des Affaires Étrangères.

Art. 143.

Si le Consul vient à mourir sans avoir officiellement déclaré la personne qui doit rester chargée du Consulat, le Vice-Consul respectif le sera par intérim, jusqu'à ce que le Gouvernement, qu'il devra aussitôt informer de tout cela, ait pris les mesures convenables.

Art. 144.

Lorsque, par l'effet du décès d'un agent consulaire, il ne se trouvera personne qui soit autorisé à le remplacer aussitôt, l'héritier ou l'exécuteur testamentaire, ou enfin la personne chargée de l'administration des biens du défunt, priera l'agent consulaire de la nation la plus unie avec le Portugal de vouloir bien se charger de la Chancellerie et diriger les affaires consulaires les plus urgentes, jusqu'à ce que le Gouvernement de Sa Majesté adopte les mesures qui lui paraîtront convenables.

La partie des archives qui ne sera pas indispensable pour l'exercice de ses fonctions sera mise sous le sceau royal et le cachet particulier de deux témoins respectables (Portugais de préférence), appelés pour assister au procès-verbal; inventaire sera fait de l'autre partie, et il sera envoyé copie de l'un et de l'autre au Ministère des Affaires Étrangères.

CHAPITRE VII.

DES PRÉROGATIVES CONSULAIRES, DES DÉPENSES ET DES ÉMOLUMENTS.

Art. 145.

Les Consuls Généraux jouiront des honneurs et auront le rang de capitaines de vaisseau, les Consuls de capitaines de frégate, et les Vice-Consuls de lieutenants de vaisseau.

Art. 146.

Les employés consulaires porteront l'uniforme suivant, correspondant à leur grade :

Le grand uniforme consistera en un habit de drap bleu foncé, croisé sur le devant à petit revers, avec deux rangs de huit boutons chacun; le collet droit, de drap blanc, garni tout autour d'un galon d'or de 25 millimètres de large, et de chaque côté du collet une étoile d'or brodée; les parements bleus de la couleur de l'habit, avec une patte blanche et trois boutons, le tout garni du même galon, aussi bien que les pattes des poches de l'habit, qui auront aussi trois boutons; les retroussis des pans de l'habit sont ornés d'ancres brodées en or, et six boutons placés sur les pans. Les boutons grands et petits sont convexes, de métal jaune mat, aux armes royales. Le chapeau est à cornes, uni pour les deux uniformes, avec une ganse double en galon d'or de 30 millimètres de large, avec un bouton d'uniforme à la partie inférieure, et la cocarde nationale en haut; à chaque pointe du chapeau, un gland d'or bruni, n° 6. Ils porteront deux épaulettes d'or à franges unies et libres, modèle n° 6. Le dessus de l'épaulette est en tresse d'or de 6 centimètres de large, garni tout autour d'une broderie de 5 millimètres de large; à l'extrémité un croissant en métal jaune, entourant l'épaulette; le dessous est en drap bleu. Les grades se distingueront : pour les Consuls Généraux, par une ancre en argent posée sur la palette de chaque épaulette, et surmontée d'une couronne royale du même métal; pour les Consuls, par une ancre sur chaque épaulette; celle de droite seule sera surmontée de la couronne; les Vice-Consuls porteront la couronne sur l'épaulette gauche. Le ceinturon du sabre sera en cuir verni noir et aura sur le devant une plaque ronde en métal jaune avec une ancre du même métal ; il se mettra ,\ pour le grand aussi bien que pour le petit uniforme, par-dessus l'habit ; le sabre sera traînant. La dragonne sera un cordon mélangé d'or et de soie bleue portant à son extrémité un gland aussi couvert d'un tissu d'or et de soie bleue, le tout ayant 45 centimètres de long. Le pantalon sera en drap bleu, ou en coutil blanc ; le pantalon de drap aura sur la couture un galon d'or de 3 centimètres de large ; ils porteront des gants blancs et une cravate de soie noire.

Le petit uniforme consiste en un habit bleu foncé, croisé sur le devant comme le grand uniforme, sans aucun galon ni retroussis ; le collet rabattu et retenu à demi-hauteur ; les parements entourés d'une légère broderie en or; trois boutons aux pattes des poches, et six sur les pans.

Art. 147.

Les employés consulaires jouiront, dans leurs districts respectifs, des honneurs, priviléges et immunités qui leur seront accordés par les traités, les conventions ou les lois et les coutumes du pays.

Art. 148.

Quant aux préséances ou autres circonstances d'étiquette les jours de cérémonie, si les traités ne les spécifient pas, les agents consulaires devront se conduire avec toute la circonspection et la déférence convenables, n'exigeant en aucune manière des distinctions qui ne leur appartiendraient pas à titre de possession, de consentement ou de rang.

Art. 149.

Les employés consulaires, quelle que soit leur catégorie, doivent, dans l'exercice de leurs fonctions, être respectés et obéis des sujets portugais qui se trouveront dans leur district.

Art. 150.

Les émoluments que les agents consulaires sont autorisés à percevoir sont ceux qui sont consignés dans le tableau ci-joint, général pour les Consulats et les Vice-Consulats. Sont toutefois exceptés les émoluments établis dans les Etats dont les agents consulaires en Portugal exigeraient des sujets de Sa Majesté, pour certains documents, des émoluments plus forts que ceux qui sont consignés dans le susdit tableau. Dans ce cas-là, les agents consulaires portugais pourront exiger des sujets de ce pays des émoluments égaux, par juste réciprocité. Il est bien entendu que les émoluments doivent être payés en monnaie courante du pays où résident les agents consulaires, calculée au pair de la monnaie portugaise.

Art. 151.

Les Vice-Consuls remettront, à la fin de chaque semestre, au Consul auquel ils sont subordonnés, la moitié des émoluments qu'ils auront perçus, en déclarant par écrit d'où ils proviennent, déclaration qu'ils extrairont du livre compétent.

Art. 152.

Lorsqu'un Vice-Consul sera chargé de remplacer le Consul Général ou le Consul, pour motif d'absence ou d'empêchement, il aura aussi droit à la moitié des émoluments perçus dans le Consulat.

Art. 153.

Il est expressément défendu aux agents consulaires de percevoir des émoluments plus forts que ceux qui sont spécifiés dans le tableau ci-joint, excepté dans le cas prévu par l'art. 150. La somme perçue à titre d'émoluments sera indiquée sur chaque document, au-dessous du sceau consulaire.

ART. 154.

Le tableau des émoluments, en portugais, et dans la langue du pays, devra être visible et bien à la portée de tout le monde dans la Chancellerie consulaire.

ART. 155.

Les documents délivrés aux sujets de Sa Majesté, notoirement indigents, le seront gratuitement, de même que les saufs-conduits délivrés aux matelots.

ART. 156.

Lorsque les agents consulaires seront obligés, pour cause de naufrage ou par tout autre motif, de sortir du lieu de leur résidence, ils auront droit d'exiger des armateurs ou des propriétaires du navire et des marchandises, outre la somme journalière indiquée dans le tableau précité, leurs frais de route, ainsi que les émoluments qui leur reviennent pour les certificats et autres pièces qu'ils délivreront.

CHAPITRE VIII.

DISPOSITIONS GÉNÉRALES.

Art. 157.

Les agents consulaires veilleront avec le plus grand zèle à ce que le trafic illicite de la traite des nègres ne soit pas fait sous pavillon portugais, en contravention aux lois et traités existants à cet égard; et, si les mesures prises par eux sont vaines, ils en feront aussitôt part au Ministre des Affaires Étrangères, en indiquant les noms des infracteurs, celui du navire, le port d'où il est parti, etc.

Art. 158.

Les agents consulaires devront être le plus scrupuleux qu'il est possible dans la protection qu'ils accorderont aux sujets de Sa Majesté qui ne seront point munis de passe-ports d'autorités portugaises; et, lorsqu'ils leur paraîtront suspects, ils devront exercer sur eux la plus grande sur-veillance et communiquer au Gouvernement de Sa Majesté tout ce qu'ils jugeront convenable.

Art. 159.

Si les lois et les usages du pays où résident les agents consulaires sont contraires aux dispositions du présent règlement, ils ne les en exécuteront pas moins; mais ils devront donner tout de suite avis au Ministre des Affaires Etrangères de ce qui surviendra à cet égard.

Art. 160.

Lorsqu'il surviendra quelque événement non prévu

dans le présent règlement sur lequel les agents consulaires aient à prendre une prompte délibération, et que le temps ne permette pas de le soumettre à la décision du chef de mission, ils tâcheront d'y donner une solution en se réglant sur les principes généraux de droit public et de droit commercial, d'après les règles d'analogie, ou selon la pratique des nations plus avancées en commerce et en navigation.

Art. 161.

La signature des différents agents consulaires devra, dans les cas nécessaires, être légalisée par le Ministère des Affaires Étrangères.

Art. 162.

Lorsque, par un motif quelconque, les employés appartenant à la Légation de Sa Majesté, dans le pays où résidera le Consul Général, viendront à manquer, celui-ci pourra être chargé par intérim de la direction des affaires de la susdite Légation, dans les limites permises par le Gouvernement local, tant que Sa Majesté n'aura pas pris de mesures à cet égard.

Art. 163.

Lorsque, dans le pays, il régnera une maladie contagieuse ou épidémique, l'agent consulaire tâchera d'avertir à temps les capitaines des navires portugais qui se dirigeraient vers quelque port de son district.

Art. 164.

Dans les ports soit de destination du navire, soit de relâche, les capitaines ou maîtres devront présenter à l'agent consulaire leur billet de santé, et feront connaître, indépendamment des particularités contenues dans leur

journal de bord, quel était l'état sanitaire de l'endroit d'où
ils viennent, ainsi que de ceux où ils pourraient avoir
relâché ; s'ils ont fait viser dans quelque port leur lettre
de santé ; s'ils ont eu, pendant le voyage, ou dans leurs
relâches, des malades à bord, et s'ils en ont encore ; comment ces malades ont été traités ; quelles mesures d'assai-
nissement ils ont prises relativement aux lits, aux vête-
ments et autres objets appartenant aux malades ou à ceux
qui seront décédés ; s'ils ont communiqué avec quelque
navire ; à quelle nation il appartenait ; à quelle époque et à
quelle hauteur a eu lieu cette communication ; en quoi elle
a consisté ; s'ils ont eu connaissance de l'état sanitaire de
ces navires, ou de toute autre circonstance relative au
même objet ; si dans leurs relâches ou pendant leur traversée ils ont pris à bord des hommes, des bestiaux, des
marchandises, etc.; déclarations dont il fera l'usage convenable. L'agent consulaire pourra, lorsqu'il le jugera
nécessaire, interroger sur le même sujet les personnes de
l'équipage aussi bien que les passagers.

Art. 165.

Lorsqu'un employé consulaire apprendra qu'un navire
portugais, en relâche dans un port de son district, se dis-
pose à se diriger vers un point dont l'accès offre de grands
dangers à cause de son état sanitaire, d'un interdit de
commerce, de blocus, ou d'autres obstacles, il devra en
prévenir ce capitaine ou maître, et lui dire s'il y a dans
le même État quelque port où il puisse mouiller en toute
sûreté.

Art. 166.

Lorsque les sujets d'un Etat quelconque avec lequel le
Portugal sera en bonne intelligence, et dont il n'y aura
point d'agent consulaire, réclameront la protection des

employés consulaires de la nation portugaise, ils ne devront jamais la leur refuser.

Art. 167.

Si un agent consulaire exerçant le commerce vient à être déclaré en état de faillite, il en donnera aussitôt avis au Gouvernement de Sa Majesté, afin qu'il puisse prendre les mesures qu'il jugera les plus convenables pour le bien du service public.

Art. 168.

Si dans le port de la résidence d'un agent consulaire, ou dans ses environs, il se trouve des forces navales portugaises, et que l'agent consulaire croie que la situation du pays met dans un danger manifeste non-seulement la sûreté des sujets portugais, mais encore leur propriété, il pourra réclamer leur protection.

Art. 169.

Pour qu'un document quelconque puisse faire foi en justice ou ailleurs, s'il est délivré en pays étranger, il devra être légalisé par le Consul Général, le Consul ou le Vice-Consul de Portugal compétent, et scellé du sceau consulaire.

Art. 170.

En aucun cas, ni sous aucun prétexte, les employés consulaires ne devront consentir à ce que les autorités locales, quelles qu'elles soient, viennent toucher aux papiers appartenant à leurs archives.

Art. 171.

Si l'expérience vient à démontrer que le présent règlement a besoin d'être augmenté ou modifié dans quelques-unes de ses dispositions, les Consuls Généraux et les Consuls sont autorisés à représenter au Ministère des Affaires Étrangères ce qu'il leur paraîtra à cet égard, afin que des mesures opportunes puissent être adoptées.

Ministère des Affaires Étrangères, le 26 novembre 1851. (*Signé*) ANTONIO ALUIZIO JERVIS D'ATOUGUIA.

TABLEAU DES ÉMOLUMENTS CONSULAIRES.

Nature des documents.

	reis
Certificat pour les différents ministères . . . . (1)	920
Billet de santé.	1§600
— Visa ou légalisation de la lettre de santé.	920
Certificat de vente des marchandises vendues à l'enchère, contenant une seule page régulière.	1§200
Pour chaque page en plus	480

La page commencée doit être payée comme page entière.

	reis
— d'origine de marchandises.	1§200
— d'un document quelconque des registres de la Chancellerie, pour chaque page.	800
— de vie ou de résidence	1§200
— non spécifiés dans ce tableau. . . .	1§200
Concours du Consul pour des actes hors du lieu	

(1) 160 reis correspondent à 1 franc 3 centimes d'argent de France.

reis

de sa résidence, par jour, outre ses frais de route et tout ce qui lui appartiendra légalement. . . . . . . 2$400

Droits consulaires sur les navires, savoir :

Bâtiments non pontés. 800

Navires de 130 tonneaux et au-dessous . . . . 3$200

— id. de 101 à 200. . . . . . 6$400

— id. de 201 à 250. . . . . . 8$000

— id. de 251 à 300. . . . . . 9$600

— id. de 301 à 350. . . . . . 11$200

— id. de 351 et au-dessus. . . . 12$800

Contrat d'assurance pour les risques de mer.
— ou lettre d'affrétement. . . . . .
— d'achat ou de vente. . . . . . . 2$000
— de compromis. . . . .

Contrat d'intérêts. . . . .
— de formation de société . . . . .
— de dissolution de société. . . . . 2$000
— d'hypothèque. . . . .

— de donation. . . . . 4$000

— de mariage, dots et arrhes. . . . . 4$000

Inventaire d'un navire . . . . 4$000

— de biens par suite de décès, sur une seule page. 960

Pour chaque page en plus. 480

Manifeste du chargement d'un navire, par double expédition et enregistrement. . 4$800

Déclaration additionnelle, par page. . 800

Pour réunir, sceller les connaissements d'un navire, les parapher et les réunir au manifeste. . . . . 2$400

— ou déclaration d'un navire sur lest. . 1$200

Matricule et enregistrement. . . . . . . 2$400

	reis
Visa ou légalisation de la matricule. .	920
Passe-port provisoire d'un navire	2§400
Visa ou légalisation du passe-port royal.	1§200
— délivré à un sujet portugais. . . .	800
Visa ou légalisation de ce passe-port.	480
Idem d'un passe-port étranger.	720
Certificat afin d'obtenir de la Légation ou du Consulat Général de Portugal un passe-port extraordinaire pour un navire étranger acheté par un sujet portugais.	1§600
Idem, afin d'obtenir le laissez-passer de la douane.	920
Procuration générale ou particulière.	1§600
Substitution de cette même procuration à une autre personne	920
Quittance de somme provenant d'inventaire.	1§200
Reconnaissance de signature.	960
Enregistrement d'un document quelconque sur les livres de la Chancellerie consulaire, pour chaque page. . . .	480
Journal de bord, son approbation et sa légalisation.	1§200
Visa du rôle de l'équipage.	920
Sentence ou jugement prononcé en qualité d'arbitre.	2§000
Procès-verbal d'adjudication.	2§000
— de composition à l'amiable.	2§000
— de dépôt.	2§000
— de caution en général.	2§000
— id. d'une somme au-dessus de 2,000 § 000.	3§200
— id. d'une somme arrivant à 8,000 § 000.	4§000

	reis
Procès-verbal de caution au-dessus de cette somme.	4§800
— pour annuler la caution.	1§200
— de responsabilité.	2§000
— de visite à bord.	4§800
— de marchandises à terre.	3§200
— de serment ou de déclaration.	1§200
— de changement de capitaine	2§000
Acte de naissance.	920
— de nomination d'expert pour expertise de marchandises avariées.	2§000
— de décès.	920
Protestation contre retards, etc.	1§600
— et ratification d'autre dressée en mer.	2§400
Testament et approbation, lorsque l'agent consulaire se rendra à la demeure du testateur.	4§800
— présenté à la Chancellerie consulaire.	2§400
— Procès-verbal d'ouverture de testament et contre-seing.	3§200
Interrogatoire de témoins, par chaque témoin.	800
Titre de nationalité et enregistrement, ou habilitation de sujet portugais	1§840
Traduction d'un document quelconque en portugais, et *vice versa*, faite par l'agent consulaire, pour chaque page.	800
Légalisation de la copie ou collationnement d'une traduction faite hors de la Chancellerie, par page	480
Visa apposé sur le journal de bord.	920

Emoluments ad valorem.

Conservation et administration des biens des

reis

Portugais morts *ab intestat*, sur la valeur,
au jour de la remise, 2 et demi p. 100. 0$000

Conservation d'objets appartenant au chargement et à la coque du navire naufragé, sur
la valeur, 2 et demi p. 100. . . . . . . 0$000

Dépôt d'argent ou de marchandises,
2 p. 100. . . . . 0$000

Liquidation d'héritage, 2 et demi p. 100. 0$000

Pour avances de fonds faites par l'agent consulaire, pour fournitures aux navires de
guerre, une commission de 3 p. 100,
payée par le ministère de la marine. . . 0$000

Pour assister à une vente à l'enchère, 1 p. 100
sur le produit brut, ou ce qui sera en usage
sur la place. . . . . 0$000

Les émoluments non spécifiés dans ce tarif seront réglés d'après ceux qui sont perçus en Portugal par les
agents consulaires des différentes nations, sur le territoire desquelles résideront les agents consulaires portugais.

Ministère des Affaires Etrangères, le 26 novembre 1851.
(*Signé*) ANTONIO ALUIZIO JERVIS D'ATOUGUIA.

ANNEXE *A*.

Extrait de la Circulaire expédiée par le Ministère des Affaires Étrangères le 6 septembre 1854.

Pour plus grande régularité dans votre correspondance avec ce Ministère, il faut que dorénavant vos dépêches contiennent, outre un numéro d'ordre placé au haut de la première page, une table des matières contenues dans la dépêche ; cette table sera divisée par paragraphes numérotés, et sera placée à la fin.

Vous tirerez également un trait horizontal sur la marge des dépêches annonçant la remise de documents; lorsqu'il y en aura plus d'un, vous en marquerez le nombre au-dessus du trait ; chaque document devra porter le numéro d'ordre de la dépêche à laquelle il appartient; dans la copie de la dépêche sur le registre, vous indiquerez à la marge les documents transmis, la liasse qui les contient, dans le cas où ils auraient été envoyés par copie, ou vous déclarerez s'ils l'ont été en originaux sans copie. Je dois toutefois vous recommander que les documents d'une plus grande importance doivent être copiés sur le registre, lorsqu'il n'y aura pas d'inconvénient, à la suite des dépêches qui en font mention.

L'habitude prise d'établir deux séries de numération distinctes, l'une pour les dépêches ostensibles et l'autre pour les dépêches réservées, pouvant amener quelque confusion par la répétition inutile de numéros, les dépêches devront toujours suivre l'ordre numérique, et l'on indiquera simplement au haut les dépêches réservées. Il est convenable que la numération soit renouvelée au commencement de chaque année.

Je vous recommande aussi que dans votre Consulat,

outre la table alphabétique, par ordre des matières, qui doit exister à la fin de chaque livre, vous fassiez une table chronologique des dépêches que vous enverrez ici ; cette table devra être divisée en trois colonnes : dans la première de droite, vous indiquerez le numéro d'ordre et la date de la dépêche ; dans celle du milieu, qui sera plus large, vous en donnerez le contenu sommaire ; et dans la dernière, vous mentionnerez le numéro ou la date de la réponse.

Vous ferez extraire de cette table, à la fin de chaque trimestre, une note des dépêches qui n'auront pas encore reçu de réponse, et qui pourraient déjà en avoir reçu ; et cette note sera transmise au Ministère, qui y répondra ce que de droit.

Il devra être fait encore une autre table chronologique semblable des dépêches envoyées par le Ministère. Votre Consulat enverra également à la même époque un aperçu de toutes les notes et dépêches reçues et envoyées par lui, indiquant les mesures qui ont été prises pour chacune d'elles.

Vous voudrez bien faire procéder de la manière qu'il vous sera possible à l'arrangement et à la classification des archives de votre Consulat ; vous en ferez faire une table, et vous informerez ce Ministère des pièces rares et très importantes qui s'y trouveraient, afin que l'on en fasse tirer une copie si cela était nécessaire.

Au commencement de chaque année vous enverrez à ce Ministère une liste des employés servant dans votre Consulat, divisée en quatre colonnes ; après les noms, dans la première, vous indiquerez la date de leur entrée au service de l'État ; dans la seconde, les commissions à eux confiées dans ce bureau ; dans la troisième, les commissions ou l'exercice hors du bureau ; dans la dernière enfin, le chiffre de leurs appointements annuels.

ANNEXE B.

Décret.

Attendu la nécessité de déclarer quels sont les ports des provinces d'outre-mer où peuvent être admis les navires des nations avec lesquelles a été stipulée la faculté de faire le commerce dans ces provinces, et que de jour en jour cette déclaration devient plus urgente, non-seulement parce que la foi des traités l'exige, mais encore parce que le manque d'une telle déclaration peut causer de graves préjudices au commerce; en même temps qu'il est indispensable d'organiser les différentes douanes, selon les exigences et la nature du commerce de chaque port; qu'il est également nécessaire que cette déclaration soit faite, afin d'éviter les conflits qui peuvent aisément s'élever si, conformément aux traités, les ports où peuvent être admis les navires étrangers n'étaient point indiqués; et que la sûreté des susdites provinces, la conservation et l'accroissement des relations commerciales entre les différentes parties du territoire national, ainsi que les intérêts des producteurs portugais, exigent que l'on désigne les denrées et les marchandises dont l'importation dans les provinces d'outre-mer sera absolument prohibée et celles dont l'importation ne sera permise qu'autant qu'elles seront de production portugaise; mon Gouvernement ayant présenté, à ces fins, à la chambre de MM. les Députés, un projet de loi dont la discussion a été retardée par la quantité d'affaires et par d'autres circonstances qui sont survenues; en considération de ces motifs, et attendu que ces mesures sont particulièrement réclamées pour le bien des provinces d'outre-mer, dont la situation exige instamment des mesures opportunes qui leur permettent de s'élever à la richesse et à la prospérité auxquelles le commerce licite peut seul les faire parvenir ; usant de la faculté qui m'est accordée par l'article 1ᵉʳ de la loi du 2 mai 1843 ; entendu mon Conseil de Ministres et mon Conseil d'État, il me plaît de promulguer le décret suivant :

Art. 1ᵉʳ.

Les navires anglais seront admis, conformément aux stipulations du traité du 3 juillet 1842, conclu entre le Gouvernement Portugais et le Gouvernement Britannique, dans les ports des possessions portugaises désignées dans le tableau n° 1. Le commerce des autres ports des susdites possessions, non indiqués dans le tableau, sera considéré commerce de cabotage, et comme tel ne pourra être fait que par des navires portugais.

Art. 2.

L'importation des objets déclarés dans le tableau n° 2 est généralement défendue ; l'importation dans les susdites possessions des denrées qu'elles produisent ou qu'elles exportent habituellement est également défendue.

Paragraphe unique. — Sont exceptées de cette règle les denrées produites par les pays environnants, lorsque l'importation en aura lieu par terre.

Art. 3.

Les denrées et les marchandises indiquées dans le tableau n° 3 ne seront admises dans les possessions portugaises que lorsqu'elles seront de création, de production ou de manufacture portugaises, et transportées par des navires portugais.

Art. 4.

Les navires et les denrées venant des possessions de la

Compagnie Anglaise des Indes Orientales seront sujets, dans les possessions portugaises, à une augmentation de droits égale à celle que payent dans les possessions de la susdite Compagnie les denrées et les navires portugais.

Art. 5.

L'exportation pour les ports étrangers de toutes les productions des possessions portugaises est permise sur des navires britanniques, à l'exception de l'orseille et de toutes les productions qui sont ou seront administrées ou affermées par l'Etat, et qui ne pourront être apportées que sur des navires nationaux.

Paragraphe unique. — Toutes ces productions seront sujettes aux droits d'exportation qui existent aujourd'hui ou qui seront établis à l'avenir.

Art. 6.

Seront également admis dans les ports désignés dans le tableau n° 1 les bâtiments des différentes nations avec lesquelles la liberté de faire le commerce dans les possessions portugaises aura été stipulée.

Art. 7.

Toute législation contraire est abrogée.

Le Ministre Secrétaire d'Etat au département de la Marine et des Colonies se conformera au présent décret et le fera exécuter.

Palais de Necessidades, le 5 juin 1844.

La Reine.

Contre-signé : Joaquim José Falcao.

TABLEAU Nº 1.

Ports des possessions portugaises où peuvent être admis les navires étrangers.

Archipel du Cap-Vert.

Dans l'île de S. Thiago, le port de Villa da Praia. Dans l'île de Maio, le port Anglais. Dans l'île de Boa Vista, le port de Sal-Rey. Dans l'île du Sel, le port de Madame ou le port Martins.

Côte de Guinée.

Les ports de Bissao et de Cacheu.

Iles de Saint-Thomé e Principe.

Dans l'île de Principe, le port aussi nommé la Baie des Aiguilles, ou celui où sera transférée la douane respective. Dans l'île S. Thomé, le port de la ville.

Angola et Benguella.

Les ports de Loanda et de Benguella.

Côte de Mozanbique.

Le port de Mozambique.

Possessions portugaises des Indes Orientales.

Les ports de Goa, Damâo et Diu.

Archipel de Solor et de Timor.

Dans l'île de Timor, le port de Delly.

Ministère de la Marine et des Colonies, le 5 juin 1844.

Signé : Joaquim José Falcao.

TABLEAU N° 2.

Objets dont l'importation est totalement prohibée dans les possessions portugaises.

Les pièces de canon.
Les projectiles.
Les mixtures incendiaires.
Ministère de la Marine et des Colonies, le 5 juin 1844.
Signé : JOAQUIM JOSÉ FALCAO.

TABLEAU N° 3.

Objets qui ne peuvent être importés dans les possessions portugaises que lorsqu'ils sont de production portugaise et transportés par des navires portugais.

La poudre à canon.
Les armes blanches et à feu.
Le sel.
Le savon.
Le tabac à priser et toutes les espèces de tabac en poudre.
Les vins de toute espèce, le champagne excepté.
Les liqueurs.
Les eaux-de-vie.
Les vinaigres.
Les huiles d'olives, de coco et de palme.
Les toiles de coton bleu nommées *zuartes*.
Les faulx.

Les serpes.

Les haches.

Les bêches.

Les clous de toutes sortes.

Les chapeaux de toutes sortes.

Les toiles de fil.

La viande de porc, fumée ou en saucissons.

Toutes les espèces de meubles en bois.

Les habillements et les chaussures, confectionnés.

Toutes denrées et marchandises quelconques dont l'importation est prohibée en Portugal dans le tarif général des douanes.

N. B. N'est pas comprise dans la disposition du présent tableau l'eau-de-vie de canne à sucre, qui continuera à être admise, tant qu'il n'aura pas été pris de nouvelles mesures à cet égard.

Ministère de la Marine et des Colonies, le 5 juin 1844.

Signé : Joaquim-José Falcao.

Décret.

Les denrées dont l'importation dans les provinces d'outre-mer ne pourrait avoir lieu qu'autant qu'elles seraient d'origine portugaise et transportées par navires portugais ayant été désignées dans le tableau n° 3, annexé au décret du 5 juin 1844, et l'expérience ayant démontré que cette disposition, telle qu'elle est, n'a pas produit les heureux résultats que l'on désirait, puisque très souvent quelques-uns des objets désignés dans le tableau ont manqué sur les marchés de ces pays, soit parce qu'ils ne sont point fabriqués en Portugal à des prix accessibles au commerce, comme il arrive à l'égard des armes blanches et des armes à feu ; soit parce que d'autres circonstances n'en permettent pas l'exportation, comme il arrive depuis plusieurs mois au sujet de la farine de froment et de l'huile d'olive ; ce dont il résulte que ces objets finiront par manquer complétement sur les marchés de ces provinces, où cela causera un grand dommage au commerce et une privation à un grand nombre de ses habitants à laquelle on doit avoir égard ; ou seront introduits en contrebande, au détriment du Trésor public et de la morale, ce qui a souvent fait tolérer l'importation de quelquesuns de ces objets, par la nécessité qu'en avaient les habitants desdites provinces, soit pour leur consommation, soit pour le commerce intérieur des différentes régions ; désirant favoriser par tous les moyens possibles le commerce et la navigation nationale, et les délivrer de tous les embarras ou les entraves qui ne sont point indispensables pour favoriser l'industrie et les intérêts des sujets portugais, ni exigés par les besoins du service public, il me plaît de décréter ce qui suit :

ART. 1er.

Le tableau n° 3, annexé au décret du 5 juin 1844, auquel se rapporte l'art. 3 du même décret, est annulé et remplacé par le tableau joint au présent décret. En conséquence, les douanes de Lisbonne et de Porto pourront permettre le transport d'un navire à un autre, et la réexportation pour les provinces d'outre-mer, des denrées mentionnées dans le tableau n° 3 du décret du 5 juin 1844, qui ne se trouvent point indiquées dans le tableau annexé au présent décret, et destiné à le remplacer.

ART. 2.

Les dispositions de l'article précédent ne changent en

rien les dispositions établies dans le décret du 20 novembre 1845, ni les dispositions en vigueur, relatives à Macao.

Art. 3.

Toutes dispositions contraires à celles du présent décret demeurent abrogées.

Le Ministre Secrétaire d'Etat au département des Finances, chargé par intérim de celui de la Marine et des Colonies, se conformera au présent décret et le fera exécuter.

Palais de Necessidades, le 23 juin 1847. — LA REINE. (*Contre-signé:*) LE COMTE DE TOJAL.

Tableau auquel se rattache le Décret ci-dessus, destiné à remplacer le Tableau n° 3 annexé au Décret du 5 juin 1844.

Denrées qui ne peuvent être importées dans les possessions portugaises qu'autant qu'elles sont de production portugaise et transportées sur des navires portugais.

La poudre à canon, — le sel, — le savon, — le tabac à priser ainsi que toutes sortes de tabac en poudre, — les zuartes et cotonnades bleues, — l'eau-de-vie de vin, — le vinaigre de vin, — les vins. — Les vins étrangers pourront toutefois être admis dans des caisses ou autres colis ne contenant pas moins de 24 bouteilles d'une demi-canada, mesure de Lisbonne (litre), ou 48 bouteilles d'un quartilho (litre); chaque demi-canada payera de droit, en monnaie du pays, la somme correspondante à 300 reis (1 fr. 87 c.), monnaie d'argent du Portugal, — cuivre ou bronze, et en monnaie portugaise.

Ministère de la Marine et des Colonies, le 23 juin 1847.
(*Signé :*) LE COMTE DE TOJAL.

ANNEXE *C*.

ART. 150.

Toutes les causes civiles ou criminelles, intentées civilement sur des droits dont les parties intéressées auront la libre disposition, et dans lesquelles il n'y aura pas lieu à réclamer l'intervention du ministère public, peuvent être décidées par un ou plusieurs arbitres volontairement nommés par les parties.

§ 1er. — Outre ces cas, dans lesquels les parties sont libres d'avoir recours à des arbitres, il pourra encore y en avoir dans les cas et de la manière établis dans ce décret.

§ 2. — Lorsque les parties nommeront plus d'un arbitre, et toutes deux un nombre égal, elles en nommeront toujours un de plus pour décider, en cas de partage égal des voix. Le compromis dans lequel cette nomination viendra à manquer sera nul.

§ 3. — Personne ne peut refuser d'être arbitre, excepté en cas de légitime empêchement.

ART. 151.

Les parties peuvent encore s'en rapporter à des arbitres, après arrêt prononcé en première instance, pendant l'appel, et même dans le cas où la cause serait déjà portée en seconde instance.

ART. 152.

Tous juges, même ceux de seconde instance, peuvent

être nommés arbitres; mais dans ce cas les parties re-
nóncent à l'appel.

Art. 153.

Le compromis peut être fait par un acte public passé
par-devant notaire, par une clause insérée dans la procédure, ou par un contrat particulier, signé par les compromettants et par deux témoins; on y mentionnera, sous
peine de nullité, les noms des arbitres et l'objet en litige.

Art. 154.

Pour les clauses à insérer dans la procédure, les parties peuvent choisir un greffier quelconque du lieu où les
arbitres prendront connaissance de l'affaire.

Art. 155.

Les arbitres sont des juges de fait et des juges de droit;
quand ils jugent des causes en première instance, ils ont
le pouvoir des juges ordinaires; et de leurs décisions,
lorsqu'ils excéderont ce pouvoir, les parties pourront in-
terjeter appel par-devant la Cour suprême de justice.
Lorsque les arbitres auront à prononcer leur jugement
dans des causes dont il aura été appelé en seconde instance, ou qui y seront pendantes, il y aura encore appel de
révision de leurs décisions. Dans l'un et l'autre cas, cet
appel cesse si les parties y ont renoncé dans leur compromis.

Art. 223.

Dès que le compromis aura été fait, conformément à
l'art. 153, une des parties quelconque s'adressera au
juge de l'endroit où il aura été fait une requête, afin qu'il
fasse avertir l'arbitre ou les arbitres à l'effet de prêter
serment et de prendre connaissance de l'affaire.

Art. 226.

Les arbitres observeront la forme de procédure indiquée dans le compromis : s'il n'y en a pas été indiqué, ils suivront celle qui est établie par la loi, selon la valeur de la cause ; et les dépositions des témoins, dans toutes les causes dont la valeur excédera le pouvoir des juges ordinaires, devront être écrites.

Art. 227.

Lorsque quelqu'une des parties accusera de faux un document quelconque, les arbitres remettront le procès au juge respectif, pour qu'il décide l'incident de fausseté, et, cet incident une fois décidé, et le procès remis aux arbitres, ceux-ci continueront à prendre connaissance de la cause.

Art. 228.

Lorsque les arbitres seront deux ou davantage, les pièces préparatoires seront signées par eux tous, sous peine de nullité ; sauf cependant si, dans le compromis, un seul est autorisé à commencer l'instruction de la cause.

Art. 229.

Dans le jugement de la cause, les arbitres doivent se conformer aux lois et au droit du royaume. Ils peuvent cependant juger *ex æquo et bono*, s'ils y sont autorisés dans le compromis et que les compromettants aient renoncé à tout appel.

Art. 230.

Les arbitres, après avoir prononcé leur jugement, remettront la procédure au juge de l'endroit où il aura été prononcé, afin qu'il y appose son autorité, et le décret judiciaire, après quoi il sera fait un extrait du jugement, qui sera signé par lui.

ART. 231.

Dans les causes jugées par arbitres, il n'y aura pas d'amende, sauf dans le cas d'appel ; alors les juges condamneront le perdant à l'amende proportionnelle.

ART. 232.

Des jugements par arbitres il y a lieu à appel, excepté :

1° Lorsque les parties y ont renoncé ;

2° Lorsque la valeur de la cause ne dépassera pas le pouvoir des juges ordinaires.

ART. 233.

Des jugements par arbitres rendus en seconde instance il y a lieu à appel de révision, conformément à l'art. 155.

ART. 234.

Si, dans le cours du procès, un des arbitres vient à mourir, ou même un des compromettants, le compromis sera nul, conformément à l'art. 156; les intéressés devront alors former un nouveau compromis, ou intenter leur action par-devant les juges ordinaires.

(Réforme judiciaire.)

ANNEXE *D*.

§ 1316.—Tout navire portugais doit être légitimement

enregistré pour pouvoir naviguer comme tel : le certificat d'enregistrement est un des documents du bord.

§ 1317.—Ne seront enregistrés comme portugais que les navires et bâtiments de construction portugaise, ceux qui auront été légitimement pris et jugés de bonne prise, ainsi que ceux qui auront été achetés par des sujets portugais, après qu'ils auront payé les droits établis.

§1318. — L'enregistrement du navire sera fait à l'Intendance du port auquel appartiendra ce navire. Un navire acheté à l'étranger ne pourra être enregistré qu'à l'Enregistrement de Lisbonne.

§ 1319. — L'enregistrement d'un navire comprend :— 1° le nom du navire ; — 2° son tonnage, prouvé par le certificat de jaugeage dont la date est déclarée ; — 3° les noms et prénoms de chacun des propriétaires, ainsi que leur domicile respectif ; — 4° l'époque de l'acquisition de leur part dudit navire, avec déclaration de l'espèce et de la date du titre, et mention spéciale de la part de chaque copropriétaire.

(Code de Commerce.)

ANNEXE E.

Loi.

Dona Maria, par la grâce de Dieu, Reine de Portugal et des Algraves, etc., faisons savoir à tous nos sujets que les Cortès générales ont décrété, et que nous voulons la loi suivante :

Article 1er.

Les bâtiments nationaux marchands, destinés à la na-

vigation de long cours, sont tenus de se munir d'un passe-
port royal délivré par le Ministère de la Marine et d'Outre-
mer.

Paragraphe unique. — Sont exceptés les petits bâtiments
exclusivement employés à la pêche.

ART. 2.

Le passe-port royal sera permanent, excepté dans le
cas : — 1° de changement de nom du navire, — 2° de son
changement d'armement ou de qualification, — 3° de
transfert de propriété, en tout ou en partie. Dans un de
ces trois cas, le passe-port devra être renouvelé.

ART. 3.

Ce passe-port sera sur parchemin, signé par le Ministre
et Secrétaire d'Etat respectif, scellé du sceau aux armes
royales et de celui de la cause publique.

ART. 4.

Il faut, pour l'expédition du passe-port, un certificat
authentique de l'enregistrement du navire et de son jaugeage, déterminé conformément à la loi du 24 avril 1844.

ART. 5.

Les autorités compétentes ne délivreront le laissez-passer ou le document qui autorise un bâtiment à sortir du
port qu'après que le passe-port royal, dûment visé, leur
aura été présenté.

ART. 6.

Le passe-port, comme document principal, servant à
caractériser la nationalité du bâtiment, sera présenté dans
la traversée aux navires de guerre qui l'exigeront, et,
dans les vingt-quatre heures de jour ouvrable après l'en-

trée dans les ports du royaume ou des provinces d'outre-mer, aux autorités compétentes; dans les ports étrangers, il sera présenté aux Consuls et aux Vice-Consuls portugais.

Art. 7.

L'autorité maritime compétente, dans les ports du royaume et des îles adjacentes; l'autorité administrative, dans celles des provinces d'outre-mer où il n'y aura point d'autorité maritime spéciale, et les Consuls, dans les ports étrangers, viseront les passe-ports au verso, en y spécifiant le port de destination du navire, les changements qui pourront avoir eu lieu quant au propriétaire, au capitaine, au nom ou à la qualification du bâtiment, et en y déclarant si le capitaine ou maître n'a pas rempli quelqu'une des lois ou des dispositions réglementaires relatives au commerce et à la navigation nationale.

Art. 8.

Les premières autorités administratives des provinces d'outre-mer pourront délivrer des passe-ports provisoires :

1° Aux bâtiments destinés au cabotage de leurs provinces respectives ;

2° A ceux qui seront construits dans leur province, et qui feront des voyages de long cours ;

3° Aux bâtiments nationaux qui font actuellement des traversées entre les ports des différentes provinces, ou entre celles-ci et les pays étrangers ;

4° A ceux qui, ayant été jugés de bonne prise dans ces provinces, deviendront légalement la propriété de sujets portugais, à l'exception des navires dont la destination est déterminée par l'art. 11 du traité entre le Portugal et la Grande-Bretagne, du 5 juillet 1842.

6

Art. 9.

Les premières autorités d'outre-mer susmentionnées et les Consuls Généraux délivreront aussi des passe-ports provisoires : — 1° aux bâtiments qui, étant de construction nationale et ayant été propriété étrangère, seront redevenus propriété de sujets portugais dans les susdites provinces ou en pays étrangers; — 2° à ceux qui, étant de construction étrangère, deviendront dans ces mêmes provinces, ou en pays étrangers, propriété portugaise, conformément aux art. 1294, 1317 et 1318 du Code de Commerce.

Art. 10.

Les passe-ports provisoires auxquels se réfèrent les deux articles précédents seront remplacés par des passe-ports royaux que les propriétaires ou maîtres des navires sont tenus de solliciter dans l'espace de temps marqué dans l'art. 13.

§ 1er. Sont exceptés de cette disposition tous les bâtiments destinés à la navigation du cabotage dans toutes nos provinces d'outre-mer; ils devront toutefois être munis de passe-ports délivrés par les Gouverneurs Généraux respectifs, conformément au modèle qui leur sera transmis par le Ministère de la Marine et d'Outre-mer.

§ 2. Quant aux navires de grande dimension, destinés à la navigation de long cours au delà du cap de Bonne-Espérance, les passe-ports royaux seront envoyés *ex officio* par le même Ministère aux Gouverneurs Généraux de Gôa et de Mozambique, et au Gouverneur de Macao, pour y être par eux contresignés et scellés, et ensuite échangés contre les passe-ports provisoires, sans augmentation de frais pour les propriétaires des navires.

§ 3. Après qu'un navire aura obtenu un passe-port royal, il ne pourra plus naviguer avec un passe-port provisoire.

Quoique quelqu'un des cas prévus par l'art. 2 survienne, l'autorité compétente devra le déclarer au verso dudit passe-port royal, si l'événement a lieu en pays éloigné, afin que le susdit passe-port puisse continuer à servir jusqu'à ce que le renouvellement en soit obtenu dans le délai marqué dans l'art. 15. Le délai commencera à partir du changement survenu, et la date en devra être expressément mentionnée dans la déclaration précitée.

Art. 11.

Les passe-ports royaux, et même les passe-ports provisoires des bâtiments vendus à des sujets étrangers, seront annulés par les autorités compétentes, et après leur annulation envoyés par les susdites autorités au Ministère de la Marine et d'Outre-mer.

Art. 12.

Les frais d'expédition du passe-port et ceux du droit respectif de sceau, pour les bâtiments qui ne sont pas exceptés dans les §§ 1 et 2 de l'art. 10, sont réglés d'après le tonnage de chacun, conformément au tableau ci-joint.

Paragraphe unique.— Lorsque les passe-ports royaux seront inutilisés pour cause de manque de place au verso pour l'inscription des déclarations spécifiées dans l'art. 7, ils seront échangés au Ministère de la Marine et d'Outre-mer pour d'autres nouveaux, sans qu'il y ait d'émoluments à payer.

Les autorités administratives et les Consuls percevront, pour les passe-ports provisoires auxquels se réfèrent les art. 8 et 9, un tiers des émoluments marqués dans le tarif ci-joint.

Pour les apostilles mises sur les passe-ports royaux dont fait mention le § 3 de l'art. 10, il sera perçu un sixième des susdits émoluments.

Dans les trois cas prévus, les passe-ports et les apostilles sont sujets au payement des droits de scéau fixés dans le tarif susmentionné.

Art. 13.

Les dispositions de la présente loi commenceront à être en vigueur dans les délais ci-dessous indiqués, à partir du jour de leur publication dans le journal du Gouvernement, savoir :

Dans les ports du royaume, trois mois ;

Dans ceux des îles adjacentes, six mois ;

Dans ceux du cap Vert, neuf mois ;

Dans ceux en deçà du cap de Bonne-Espérance et du cap Horn, douze mois ;

Dans ceux audelà des susdits pays, vingt-quatre mois.

Art. 14.

Le Gouvernement prendra les mesures et donnera les instructions nécessaires pour l'exécution de la présente loi.

Art. 15.

Sont abrogées toutes les dispositions contraires.

En conséquence, nous ordonnons à toutes les autorités chargées de l'exécution de la présente loi, qu'elles l'exécutent et la fassent exécuter dans toute sa teneur. Le Ministre et Secrétaire d'Etat au département des Affaires Étrangères, chargé par intérim de celui de la Marine et d'Outre-mer, la fera imprimer, publier et exécuter.

Donné au palais de Necessidades le 14 juillet 1848. — La Reine. — (*Contresigné* :) José Joaquim Gomes de Castro.

L. S. aux armes royales.

TABLEAU

Des émoluments et droits de sceau à payer pour les passe-ports royaux.

BATIMENTS.	ÉMOLUMENTS.	DROITS de SCEAU.
Jusqu'à 50 tonneaux de jaugeage .	2 § 000 reis	1 § 000 reis
De 51 à 100 —	4 § 800	2 § 000
De 101 à 200 —	7 § 200	2 § 000
De 201 à 300 —	9 § 600	3 § 000
De 301 et au-dessus.	19 § 200	3 § 000

Ministère de la Marine et d'Outre-mer, le 14 juillet 1848. (*Signé :*) José Joaquin Gomes de Castro.

ANNEXE *F*.

§ 1405. — Tout capitaine de navire est obligé, dans les vingt-quatre heures qui suivront son entrée dans un port, de présenter à l'examen son journal de bord et de faire son rapport ou de donner son témoignage. Le rapport doit énoncer : 1° le point et l'époque du départ ; 2° la route suivie ;

3° les accidents survenus, les désordres qui auront eu lieu, et enfin toutes les circonstances remarquables du voyage.

§ 1406. — Le rapport susmentionné doit être présenté au Consul portugais, ou, à son défaut au magistrat ou à l'autorité locale compétente, si le capitaine entre dans un port étranger. S'il entre dans un port du royaume ou des colonies, il devra le présenter au juge de l'endroit ou à l'autorité désignée par la loi réglementaire.

§ 1407. — Quel que soit l'endroit où le capitaine fasse et présente son rapport, il est tenu de faire contresigner son journal de bord par l'autorité qui recevra ledit rapport. Le capitaine est également tenu d'exhiber en tout temps ce journal aux parties intéressées, et de consentir que l'on en prenne des copies ou des extraits.

(Code de Commerce.)

ANNEXE *G*.

§ 1379. — Tout capitaine de navire entreprenant un voyage de long cours est tenu d'avoir à bord : — 1° le titre enregistré de la propriété du navire ; — 2° le passeport ; — 3° le rôle de l'équipage ; — 4° les connaissements et affrétements ; — 5° les reçus de payement des frais de port, de pilotage, et autres quelconques ; — 6° un exemplaire du Code de Commerce.

(Code de Commerce.)

ANNEXE *H.*

§ 1377. — Tout capitaine est tenu d'inscrire régulièrement tout ce qui concerne l'administration du navire et les événements de la navigation , sur trois livres reliés , dont les pages seront numérotées et paraphées par l'autorité qui aura fait la matricule du navire.

Sur le premier de ces livres, intitulé: *Livre du chargement*, seront portées l'entrée et la sortie de toutes les marchandises chargées à bord , avec déclaration des marques et des numéros des colis, des noms des chargeurs et des consignataires, des ports ou des chargements et déchargements, et des frets à percevoir. Sur ce livre seront aussi inscrits les noms, le lieu de départ et de destination de tous les passagers.

Sur le second, intitulé: *Livre de raison*, seront portés tous les comptes des intérêts du navire; on y désignera, article par article, ce que le capitaine recevra, et ce qu'il dépensera en réparations, équipement, vivres, salaires et autres objets, et généralement tout ce qui aura rapport au navire ou à son chargement, et ce qui pourrait donner lieu à une vérification de comptes ou à quelque contestation. Le capitaine inscrira également sur ce livre les nom, prénoms et domicile de tous les hommes de l'équipage, leur salaire, les sommes par eux reçues en avance, ou les consignations faites à leurs familles respectives.

Sur le troisième, intitulé : *Journal de bord*, il portera: 1° l'état journalier du temps et des vents ; — 2° le progrès ou le retard journalier du navire ; — 3° le degré de longitude et de latiude où se trouvera le navire, jour par jour ; — 4° tous les désastres survenus au navire ou aux marchandises, et leur cause; — 5° l'état intrinsèque, autant que possible, de tout ce qui se perdra par accident, et de tout ce qui aura été coupé ou abandonné ; — 6° la route suivie et les motifs des déviations nécessaires ou volontaires ; — 7° les permissions accordées aux officiers et aux hommes de l'équipage, et leurs motifs ; — 8° toutes les résolutions prises en conseil avec les principaux hommes de l'équipage, dans les cas ordonnés dans ce Code. Ce livre sera sans interruption daté et signé jour par jour par le capitaine et par le second, si le temps et les circonstances le permettent. Les deux premiers livres seront signés par le capitaine seulement.

(Code de Commerce.)

ANNEXE *I*.

§ 1394. — Si pendant le cours du voyage il devient nécessaire de faire des réparations au navire, ou d'acheter des vivres, et que les circonstances ou l'éloignement du domicile des propriétaires du navire ou du chargement ne permettent point d'attendre leurs ordres, le capitaine, en ayant prouvé le besoin par un acte signé par les principaux hommes de l'équipage, pourra faire les réparations ou acheter les vivres nécessaires après s'être fait préalablement autoriser par le Consul, et à son défaut par l'autorité locale ; et, si les fonds lui manquent, il pourra tirer par lettres de change sur la caisse ou les propriétaires du navire, ou avec la même autorisation emprunter sur la coque du bâtiment, et en cas de besoin sur le chargement ; dans le cas où il ne pourrait parvenir à réaliser cet emprunt en tout ou en partie, il aura la faculté de vendre à l'enchère des marchandises jusqu'à la concurrence de la somme nécessaire.

(Code de Commerce.)

ANNEXE·J.

§ 1388. — En cas d'allégement, le capitaine sera tenu d'alléger de préférence, autant que possible, les objets les moins nécessaires, les plus lourds et de moins de valeur ; ensuite les marchandises du premier pont, à son choix, mais après avoir entendu en tout l'avis des principaux hommes de l'équipage ; le capitaine devra mettre par écrit, aussitôt qu'il le pourra, la délibération prise. L'acte contiendra : les motifs qui ont déterminé l'allégement ; l'énonciation des objets allégés ou avariés ; la signature des personnes consultées, ou les motifs qu'ils ont eus pour ne pas signer. La délibération sera insérée dans le *Journal de bord*.

(Code de Commerce.)

ANNEXE K.

§ 1616. — Dans le port de relâche, le déchargement ne peut être autorisé que lorsqu'il sera indispensable pour la réparation du navire, ou d'une avarie dans le chargement. Dans ces cas, quant aux ports du royaume et de ses possessions, l'autorisation en doit émaner du juge compétent ;

à l'étranger, du Consul portugais, s'il y en a un, et à son défaut de l'autorité locale.

(Code de Commerce.)

ANNEXE *L*.

§ 1584.—Personne ne peut monter à bord, ni entrer dans un navire, pour lui porter secours, le sauver, ou sous un autre prétexte quelconque, sans le consentement exprès du capitaine ou de l'officier qui en remplit les fonctions.

§ 1585.— Personne ne peut sauver un navire échoué ou brisé sur les bancs de sable de la côte, ni mettre en sûreté les marchandises naufragées en mer, ou sur les côtes, en présence du capitaine ou de l'officier qui le remplace, sans leur consentement.

§ 1586.—Lorsqu'un navire ou des marchandises naufragées auront été sauvées, et que les propriétaires en seront connus, ainsi que le capitaine ou l'officier qui en remplira les fonctions, les objets sauvés seront aussitôt mis à leur disposition, mais ils donneront une caution suffisante pour les frais de sauvetage.

§ 1587.—Toute personne qui retiendra un navire sauvé, ou qui ne remettra pas aussitôt les effets naufragés à la demande du capitaine, de l'officier de service, du consignataire ou du propriétaire du chargement, quoique ceux-ci lui donnent une caution suffisante, perdra tout droit à un salaire quelconque pour assistance au sauvetage, et sera responsable des dommages causés par cette rétention.

§ 1588.— Les dépenses et les frais de transport des marchandises, depuis l'endroit du sauvetage jusqu'à leur destination, seront payés par celui qui les recevra, dans les cas prévus par les articles précédents, sauf recours en droit.

§ 1589. — Lorsqu'un navire ou des marchandises auront été sauvées en mer ou sur les côtes de ce royaume ou de ses possessions, en l'absence du capitaine, de l'officier de service, du consignataire ou du propriétaire, et que ceux-ci ne seront point connus, les objets sauvés seront transportés tout de suite au lieu le plus proche de celui du sauvetage et remis à l'autorité administrative chargée de la garde des objets naufragés, et, à son défaut, à l'autorité locale. En cas de contravention, les personnes qui auront concouru au sauvetage perdront ce qui pourrait leur être dû et seront responsables des dommages et intérêts, et sujettes, s'il y a lieu, à une action criminelle.

§ 1590. — Le sauvetage des navires échoués et naufragés, ou la conservation des marchandises naufragées, près des côtes ou sur la côte même, soit en présence du capitaine, soit en son absence, ne pourra avoir lieu que sous la direction exclusive de l'autorité mentionnée dans l'article précédent, et à son défaut sous la direction de l'autorité locale.

Ne doivent pas être considérés, pour cet effet, comme échoués, les navires jetés à la côte par ordre du capitaine ou de l'officier qui en remplira les fonctions, d'après l'avis du conseil du navire, ni ceux qui, par cas fortuit, se trouveront sur la côte, de manière que le déchargement puisse en être effectué régulièrement et sans danger.

§ 1591. — L'autorité chargée des naufrages, ou à son défaut l'autorité locale, est tenue de faire dresser un inventaire fidèle des effets sauvés ; et, quant à la restitution, elle est astreinte aux mêmes obligations envers le capitaine, les propriétaires ou consignataires, que celles qui sont marquées pour les particuliers qui auraient sauvé sur la côte des navires ou des marchandises ; et, réciproquement, les capitaines et les propriétaires des navires ou des marchandises auront à remplir envers l'autorité les mêmes obligations relativement au sauvetage que celles qui sont déterminées envers les particuliers.

§ 1592. — L'autorité qui assistera au naufrage, ou qui pourvoira à la conservation des effets sauvés, est obligée, d'après la loi, à rendre compte au Gouvernement de la province de tous les événements susmentionnés qui auront pu arriver, et des mesures qu'elle aura prises.

§ 1593. — L'autorité qui présidera au naufrage et au sauvetage est tenue, lorsqu'il n'y aura pas de réclamations, de faire vendre à l'enchère, et sans perte de temps, toutes les marchandises qui, par leur mauvais état ou par leur nature, sont sujettes à se détériorer promptement, ou dont la conservation et le dépôt seraient évidemment contraires aux intérêts de leur propriétaire.

§ 1594. — Il est du devoir de l'autorité qui présidera au naufrage et pourvoira à la garde des effets sauvés de faire annoncer dans les huit jours qui suivront le sauvetage, dans un des journaux de sa province, toutes les circonstances de l'événement, avec la désignation exacte des marques et des numéros des marchandises, invitant tous les intéressés à présenter leurs réclamations. Cette annonce devra, autant que possible, être répétée quatre fois, une fois chaque mois.

§ 1595. — L'autorité ci-dessus mentionnée sera tenue, le réclamant ayant prouvé son droit par des connaissements ou autres documents légaux, de lui remettre les effets sauvés, après qu'il aura payé le salaire dû pour le sauvetage et les autres dépenses. En cas de doute relativement aux droits du réclamant, en cas d'opposition d'un tiers ou de contestation sur le sauvetage et les dépenses, les parties seront renvoyées par-devant les tribunaux compétents.

§ 1596. Lorsque personne ne sera venu réclamer, après les quatre annonces ci-dessus mentionnées, les effets sauvés seront vendus à l'enchère, et leur produit, déduction faite des frais de sauvetage, sera consigné en dépôt judiciaire. L'approbation judiciaire du compte ne nuit en rien au droit des intéressés, qui, malgré cette approbation, pourront le faire valoir en justice.

§ 1597. Le propriétaire des objets sauvés a le droit de réclamer le produit de la vente dans l'espace de dix années; si dans cet espace de temps personne ne vient réclamer, le dépôt prendra la nature de biens qui n'appartiennent à personne. Les objets appartenant à un ennemi ne pourront jamais être réclamés.

§ 1598. Il ne sera perçu aucun droit d'échouement ou de naufrage, ni aucun autre semblable, sur le navire ou les marchandises naufragés, soit qu'ils appartiennent à des nationaux ou à des étrangers. Cette disposition ne porte pas atteinte au droit de confiscation des marchandises ou du navire naufragé appartenant à l'ennemi.

§ 1599. Le salaire dû pour secours portés au navire ou aux marchandises en péril ou naufragés est de deux sortes, savoir : le salaire d'assistance et le salaire de sauvetage.

§ 1600. Le salaire d'assistance est dû lorsque le navire et le chargement, ensemble ou séparément, sont remis en mer et conduits à bon port. Ce salaire est réglé par des arbitres experts qui tiendront compte—de la promptitude du service, aussitôt le premier péril aperçu, — du temps employé, — du nombre des personnes qui auront indispensablement dû y assister, — de la nature du service, — et enfin du danger attaché à ce service.

§ 1601. Les cas de sauvetage consistent : — à recouvrer et à sauver un navire ou des marchandises rencontrés en mer ou sur les côtes, sans direction ; — à sauver des marchandises d'un navire jeté à la côte, ou échoué sur des rochers, et tellement en danger qu'il ne puisse être considéré comme lieu de sûreté pour les marchandises, ni d'asile pour les hommes de l'équipage ; — à tirer des marchandises d'un navire effectivement brisé ; — enfin lorsqu'en cas d'abandon par l'équipage d'un navire qui serait en péril imminent, ou qui n'offrirait aucune sûreté, — ou bien encore lorsque, après l'abandon par l'équipage, le navire est occupé par les personnes qui viennent le sauver, et est conduit au port avec son chargement, en tout ou en partie.

§ 1602. Dans l'évaluation du salaire de sauvetage, on doit tenir compte non-seulement de la disposition du second alinéa de l'article 17, mais encore du degré de péril dans lequel se seront trouvés les objets sauvés, et de la valeur de ces objets estimée par les arbitres experts.

§ 1603. L'estimation des salaires d'assistance et des salaires de sauvetage, ainsi que la nomination des arbitres experts, en cas de contestation, sera faite et déterminée par le juge compétent.

§ 1604. Lorsque le navire aura été abandonné par le capitaine et par l'équipage, et sera occupé par les personnes qui viendront le sauver, il sera permis au capitaine et autres officiers de service de remonter à bord et d'en reprendre le commandement. Les occupants seront tenus, dans ce cas, sous peine de perdre leur salaire d'assistance et d'être responsables des pertes et dommages, de remettre au capitaine le commandement de son navire. Ils conserveront leur droit de sauvetage acquis antérieurement.

§ 1605. Lorsqu'un navire, ou des marchandises sauvées, et remises à leur propriétaire sous caution, viendront à se perdre entre l'endroit du sauvetage et celui de leur destination, sans qu'on ait fait l'estimation de leur valeur, les arbitres experts donneront au navire et aux marchandises sauvées la valeur qu'ils auraient probablement eue dans l'endroit où ces objets ont été remis.

§ 1606. Les différends relatifs aux salaires d'assistance et de sauvetage seront décidés dans le royaume par le juge du tribunal de commerce du lieu de destination du navire; lorsque le navire aura été frété dans le royaume pour l'étranger, ces différends ressortiront au juge commercial de l'endroit où l'affrétement aura été fait.

§ 1607. Les contestations relatives aux salaires dus par des navires venant de l'étranger, sans destination pour ces royaumes, seront portées par-devant le juge compétent du port du royaume où sera entré, ou bien où aura été conduit le navire. Les dispositions de l'article précédent seront applicables au capitaine d'un navire qui aura changé de destination pour un lieu quelconque de ce royaume.

§ 1608. Toute convention, transaction ou promesse relative aux salaires d'assistance ou de sauvetage sera nulle lorsqu'elle aura été faite en mer, ou au moment de l'échouement, avec le capitaine ou tout autre officier, soit au sujet du navire, soit au sujet des marchandises qui se trouveront en péril. Cependant, le danger passé, il est permis à chacun de faire des transactions et des conventions à l'amiable, qui ne seront point toutefois obligatoires pour les propriétaires, les consignataires ou les assureurs, si ceux-ci n'y donnent point leur assentiment.

§ 1609. — Les épaves et les marchandises sauvées du naufrage ou de l'échouement sont spécialement obligées par privilége au payement des salaires de sauvetage et d'assistance. Ce privilége est subrogé dans le produit de leur vente.

(Code de Commerce.)

ANNEXE *M.*

§ 1464. — Lorsqu'une partie du navire aura été sauvée, les officiers et les hommes de l'équipage seront payés de leur solde sur le produit de la vente des objets sauvés. Si cela ne suffit pas, ou qu'il n'ait été sauvé que des marchandises, ils seront subsidiairement payés sur le fret.

§ 1466. — Quelle qu'ait été la solde des hommes de l'équipage, les jours employés au recouvrement des objets sauvés leur seront payés en sus. Lorsqu'ils auront fait preuve d'une activité particulière, suivie d'un heureux résultat, ils recevront une récompense extraordinaire comme prime de sauvetage.

(Code de Commerce.)

ANNEXE *N.*

Circulaire.

Le Ministère ayant reçu de celui des Finances une dépêche en date du 5 du courant, par laquelle il est informé qu'il arrive dans les ports de ce royaume beaucoup de navires dont les capitaines ne présentent point des manifestes de même teneur, c'est-à-dire contenant le nom, le tonnage du bâtiment, ainsi que toutes les déclarations établies dans les art. 1 et 2 du chapitre 4 du décret du 10 juillet 1834 ; omission qui a pour résultat de susciter entre les négociants et les chefs des douanes respectives des contestations qu'il est à propos d'éviter pour le bien du commerce, le Gouvernement de Sa Majesté vous ordonne, en ce qui vous concerne, d'expédier aux Vice-Consuls, vos subordonnés, les ordres nécessaires, à l'effet d'obliger les capitaines de navire en destination pour les ports de ce royaume et de ses possessions à se munir des susdits manifestes, conformément aux dispositions du décret précité. — Dieu vous garde. — Palais de Neçessidades, le 9 octobre 1839. — (*Signé :*) BARON DA RIBERA DE SABROSA.

ANNEXE O.

CHAPITRE IV.

DES OBLIGATIONS IMPOSÉES AUX CAPITAINES DE NAVIRE.

ART. 1er.

Tout capitaine ou maître de navire marchand, national ou étranger, se dirigeant au port de Lisbonne, doit être muni de trois manifestes de même teneur, contenant le nom et le tonnage du bâtiment, la nation à laquelle il appartient, le port où il a reçu son chargement, le nom des chargeurs et celui des personnes auxquelles le chargement est adressé, en indiquant en toutes lettres l'espèce et la quantité des colis, avec les marques et les numéros à la marge.

ART. 2.

Ces manifestes seront signés par le capitaine, et légalisés par les Consuls portugais des ports de départ, et à leur défaut par l'autorité locale.

(Décret du 10 juillet 1834.)

ANNEXE *P*.

ART. 7.

Si le capitaine n'exhibe pas les manifestes dans le délai prescrit et avec les formalités exigées; si ces manifestes ne sont point d'accord entre eux, et s'il ne vient point faire son entrée en douane dans les vingt-quatre heures après son arrivée, il encourra la peine de payer le double des droits de port; mais, si quelques-unes des marchaudises n'y sont point portées, ou s'il y a de la différence entre les marchandises et le manifeste, le capitaine sera personnellement condamné à payer une somme égale à la valeur des marchandises omises, si la consommation en est prohibée, et le double des droits de consommation, des impositions et des émoluments, si ces denrées sont admises. Les amendes imposées aux capitaines ou aux maîtres seront payées tout de suite, et le montant en pourra être perçu par saisie sur le navire et sur le fret.

(Décret du 10 juillet 1834.)

ANNEXE Q.

Sa Majesté la Reine ayant pris en considération la représentation que le Sous-Inspecteur Général des postes et courriers du royaume lui a adressée par la voie de ce Ministère, en date du 29 décembre dernier, relativement à la nécessité de diminuer la gratification de 10 pour 100 accordée par ordonnanee du 18 novembre 1817 au Directeur (guarda-mor) du bureau de santé du port de Belem, pour la remise qu'il fait à l'Administration Générale des postes des lettres venues de hors du royaume sur des bâtiments, et de régler de nouveau la prime établie par ordonnance du 8 juin 1816 en faveur des capitaines ou maîtres des susdits bâtiments, pour le transport des lettres; et Sa Majesté ayant égard à ce que, à l'époque où cette gratification fut accordée au susdit Directeur du bureau de santé, le Brésil faisait encore partie de la monarchie; que toutes les correspondances de ses différentes capitaineries étaient transportées dans des malles fermées; que les lettres qui venaient par des voies particulières étaient très rares et n'étaient point comprises dans les dispositions des deux ordonnances susmentionnées, et que cette circonstance était essentiellement entrée dans le calcul de la gratification accordée audit Directeur et aux capitaines de navires; vu que maintenant très peu de lettres arrivent à l'administration renfermées dans des malles ou sous enveloppe, et qu'au contraire elles viennent presque toutes entre les mains des commandants; que d'ailleurs, lors de l'établissement de la susdite gratification, le port des lettres, comme étant nationales, était de 20 reis par gros, et que maintenant le port en est, comme étant étrangères, de 40 reis par gros, port double du précédent; Sa Majesté ordonne qu'à l'avenir la gratification de 10 pour 100 accordée au Directeur du bureau de santé du port de Belem et à son greffier soit réduite à 5 pour 100, 3 pour 100 attribués au Directeur et 2 à son greffier; et que, quant à la prime accordée aux capitaines ou maîtres des navires, elle soit réglée de la manière suivante : pour 120 lettres ou au-dessous, les capitaines percevront 50 reis par lettre; de 121 à 160 lettres, 20 reis; et 10 reis seulement par lettre lorsque le nombre en excédera 160. Cette détermination est communiquée au Sous-Inspecteur Général des postes pour qu'il s'y conforme et en surveille l'exécution, et qu'il expédie les ordres nécessaires, afin que, dans tous les ports où ces mesures peuvent être appliquées, elles soient mises à exécution. Quant aux autres déterminations relatives à ce service, elles continueront à être en vigueur, conformément à l'ordonnance du 8 juin 1816. — Palais de Necessidades, le 14 janvier 1837. — (*Signé*:) SA DA BANDEIRA.

Articles dont l'observation est recommandée par l'Ordonnance du 8 juin 1816, relativement aux lettres venues par mer.

« Les capitaines, commandants ou maîtres des navires et bâtiments quelconques qui entreront dans le port de Lisbonne, quelle que soit la nation à laquelle ils appartiennent, ou le port d'où ils viennent, lorsqu'ils demanderont le permis de santé, devront remettre toutes les lettres qu'ils apporteront sans aucune exception, et l'officier ou les officiers de santé sont obligés, sous leur responsabilité, d'exiger la remise des susdites lettres. »

« Les lettres mentionnées dans l'article précédent sont remises à l'Administration Générale des postes, accompagnées d'une note indiquant le nombre des lettres , le nom du navire et le port d'où il vient ; ce qui devra également avoir lieu dans tous les ports de mer de ce royaume , où les lettres seront remises aux employés respectifs des postes. »

« Les capitaines, commandants ou maîtres des susdits navires percevront comme prime pour le transport, au moment de la remise des lettres, 30 reis pour chaque lettre venant de pays étrangers. »

Attendu qu'il est nécessaire d'indiquer les peines auxquelles seront sujettes les personnes qui ne remettront pas les lettres, contrevenant ainsi à l'art. 7, dont l'observation est recommandée par l'ordonnance du 8 juin 1816 ; le Roi notre maître ordonne que ces personnes soient arrêtées et détenues pendant l'espace de huit jours et payent une amende égale à neuf fois la valeur du port de la lettre.

D. Miguel Pereira Forjaz , membre du Conseil de Sa Majesté , Secrétaire d'État des Affaires-Etrangères, de la Guerre et de la Marine, se conformera à la présente ordonnance et expédiera les ordres nécessaires pour son exécution. — Palais du Gouvernement, le 13 février 1818. — *Avec les contre-seings des Gouverneurs du Royaume.*

ANNEXE R.

Sa Majesté la Reine ayant eu sous les yeux les pièces

relatives à la prétention de F. Urbain, qui, désirant faire venir de France différents tissus de soie, dont le poids ne va pas à cent livres comme l'exige le tarif général des douanes pour l'admission de ces tissus, sollicite la faculté de compléter le susdit poids avec des peluches de soie et coton; et considérant qu'il est très peu de négociants qui se trouvent dans le cas d'émettre pour un temps indéfini les sommes considérables qu'exigent l'achat de grandes portions de soieries et le payement des droits auxquels elles sont sujettes; considérant en outre que l'état de décadence du commerce réclame une mesure qui, sans causer de préjudice au Trésor public, permette aux négociants peu aisés d'entreprendre des spéculations dans ce genre de commerce; il plaît à Sa Majesté, en se conformant aux avis émis par le tribunal du Trésor public dans un rapport du 11 du courant mois, ainsi que par la commission permanente du tarif des douanes dans un rapport du 22 septembre dernier, d'accorder l'admission dans les douanes du Royaume et des îles adjacentes où l'importation en est permise, aux termes de l'article 1er des préliminaires du susdit tarif, de toute portion quelconque de soie manufacturée, à condition qu'elle soit contenue dans des colis d'autres marchandises, ne pesant pas moins en tout de 4 arrobas (64 kilos), poids suffisant pour rendre la contrebande difficile, but principal du *nota bene* de la classe 8e du tarif, auquel la substitution suivante sera en temps opportun proposée aux Chambres : L'importation pour consommation ou par dépôt de soies manufacturées n'est permise au commerce que dans des colis ne contenant pas moins de cent livres, poids net; ces soieries pourront toutefois venir conjointement avec d'autres marchandises dans des colis ne pesant pas moins de 4 arrobas (64 kilos). Sont exceptées les soies écrues, les soies brutes, les soies grèges, les trames ou rebuts, les étoffes ou marchandises dans la fabrication desquelles entrerait la soie mélangée à de la laine, du coton ou d'autres matières; les objets manufacturés qui ne payent pas des droits proportionnés à leurs poids, comme les chapeaux, etc., ainsi que toutes les soieries, qui, sous quelque forme que ce soit, seront importées directement de nos possessions sur des navires portugais, et qui seront aussi admises en colis de tout poids, pourvu que la provenance en soit suffisamment légalisée. Les particuliers, cependant, pourront recevoir pour leur usage des petits paquets, à condition qu'ils en déclarent le contenu à la douane avant l'arrivée du navire, et que leur déclaration se trouve exacte lors de la vérification du colis. Sa Majesté ordonne que, par la voie du Ministère des Finances, cette substitution soit communiquée au Directeur de la Grande Douane de Lisbonne pour les effets convenables. — Palais de Necessidades, le 16 novembre 1847. —(*Signé:*) MARINO MIGUEL FRANZINI.

Sa Majesté la Reine ayant eu sous les yeux le rapport fait par le tribunal du Trésor public, le 3 février dernier, relativement à la convenance d'ajouter, dans l'intérêt du service, une déclaration à l'ordonnance du 16 novembre 1847, qui permet l'admission des soies manufacturées, dans des colis ne pesant pas moins de 4 arrobas (64 kilos), il plaît à Sa Majesté, en se conformant à l'avis émis dans le susdit rapport, de déclarer que le poids de 4 arrobas (64 kilos), nécessaire pour être admis en douane, aux colis contenant des soieries, est net de tares; ce qui, par la voie du Ministère des Finances, est communiqué au Conseiller Directeur de la Grande Douane de Lisbonne, afin qu'il en ait connaissance et qu'il s'ensuive les effets nécessaires. Il est bien entendu que cette détermination souveraine ne commencera à être mise à exécution que soixante jours après la publication de la présente ordonnance dans le journal du Gouvernement. — Palais de Necessidades, le 27 mars 1849 — *(Signé :)* Antonio Roberto d'Oliveira Lopes Branco.

ANNEXE *S*.

§ 1449. — Tous les officiers et les hommes de l'équipage sont tenus de prêter leur assistance au capitaine, en cas d'attaque, ou de désastre survenu au navire ou à son chargement, quelle que soit la nature du sinistre.

§ 1468. — Tout homme de l'équipage qui tombera malade dans le cours du voyage, ou qui aura été blessé ou mutilé, soit dans le service du navire, soit dans un combat contre l'ennemi ou les pirates, sera payé de sa solde, soigné et guéri, et, en cas de mutilation, indemnisé par arbitrage d'un juge, s'il s'élève une contestation.

§ 1487. — Il est défendu au capitaine d'avancer aux gens de l'équipage, pendant le voyage, plus d'un quart de leur solde.

§ 1488. — En cas de renvoi de l'équipage hors du royaume pour cause légitime, la capitaine est tenu de donner à chacun des individus renvoyés un effet à toucher sur le caissier ou les propriétaires du navire, de la somme qui leur sera sera due.

§ 1489. — Les officiers ou les hommes de l'équipage ne peuvent intenter d'action contre le capitaine ou contre le navire avant la conclusion du voyage, sous peine de perdre entièrement leur traitement. Cependant, lorsque le navire se trouvera en bon port, les officiers ou les hommes de l'équipage qui auraient reçu de mauvais traitements, ou que le capitaine n'aurait pas convenablement nourris, pourront demander la résiliation de leur contrat par-devant le Consul, et, à son défaut, par-devant le magistrat du lieu.

§ 1491. — Les hommes de l'équipage seront tenus, une fois terminé le voyage pour lequel ils auront été engagés, et si le capitaine ou les propriétaires du navire l'exigent, de décharger le navire, de le mettre à l'ancre, de le dé-gréer, de le conduire dans un mouillage sûr, et de l'y amarrer; ils seront en outre obligés de faire leur rapport de mer, de l'affirmer par serment, soit séparement, soit con-jointement avec le capitaine, dans les trois jours qui sui-vront le déchargement.

§ 1492. — Après que les officiers et l'équipage auront rempli les prescriptions du paragraphe précédent, ils seront renvoyés et payés de leur solde dans les vingt-quatre heures.

§ 1616. — *Voyez* l'annexe K.

§ 1839. — Le règlement et la répartition des grosses ava-ries se font à la sollicitation du capitaine et par des ar-bitres experts. Les arbitres sont nommés par les parties ou par le tribunal commercial du district, si l'arbitrage a lieu dans le royaume; à l'étranger, ils sont nommés par le Consul portugais. Les arbitres prêteront serment avant de commencer les opérations. La répartition sera homologuée par le tribunal respectif; dans les pays étrangers, elle le sera par le Consul, et à son défaut par l'autorité compétente du lieu.

ANNEXE *T.*

§ 1457. — Si la rupture du voyage a lieu après le départ, les officiers et les matelots recevront le double de ce qui est déterminé dans l'article précédent, ainsi que les frais de route pour retourner au lieu de l'embarquement. Cette indemnité ne pourra en aucun cas excéder la somme qu'ils auraient reçue si le voyage avait été terminé. L'indemnité de retour sera calculée, pour les officiers comme pour les matelots, proportionnellement à la solde convenue. Lorsqu'il y aura contestation sur le chiffre, le Consul en décidera, et à son défaut l'autorité locale.

(Code de Commerce.)

ANNEXE *U.*

§ 1463. — En cas de prise ou de confiscation, de bris ou de naufrage, avec perte complète du navire et des marchandises, les officiers, non plus que les matelots, n'ont droit d'exiger aucun salaire; mais ils ne seront point tenus de rembourser les avances qu'ils auraient reçues.

(Code de Commerce.)

ANNEXE *V.*

§ 1318. — L'enregistrement du navire sera fait à l'Intendance du port auquel appartiendra le navire. Un navire acheté à l'étranger, ou pris, ne peut être enregistré qu'à l'Enregistrement de Lisbonne.

(Code de Commerce.)

ANNEXE X.

Dona Maria, par la grâce de Dieu. Reine de Portugal et des Algarves, faisons savoir à tous nos sujets que les Cortès générales ont décrété et que nous voulons la loi suivante :

Art. 1er.

Le tonneau de capacité pour le jaugeage des navires sera dorénavant équivalent à un volume de 100 empans cubes portugais, lequel rempli d'eau de mer pèsera 2581 livres portugaises de 459 grammes chacune, ou 18 quintaux portugais, plus trois cinquièmes de quintal. Il sera nommé *tonneau de fret*, et pourra être représenté, avec un petit excédant d'un demi pour cent, par un cylindre droit de 8 empans de haut et de 4 de diamètre à sa base.

Art. 2.

Les dimensions des navires seront prises avec des rubans expressément préparés pour cet effet, et qui seront gradués et marqués à l'empan portugais, égal à 22 centimètres de mesure française ; et ces empans seront subdivisés en dixièmes et en centièmes.

Art. 3.

Pour procéder à l'évaluation du nombre de tonneaux que contient un navire sujet aux droits de tonnage, on

mesurera sur le pont la longueur totale entre la face anté-
rieure de l'étrave et la face intérieure de l'étambot. On
marquera également le point correspondant à la moitié
de cette ligne, et à ce point-là on mesurera perpendiculai-
rement à la première ligne la largeur du pont comprise
entre les deux plats-bords, près des dalots, et enfin, le navire étant déchargé, on mesurera par la grande écoutille
la hauteur du pontal, à partir de la face inférieure du plancher du pont jusqu'à celui de la cale près de la carlingue.
Ces trois dimensions, prises en empans entiers et en frac-
tions décimales, seront multipliées l'une par l'autre, et le
produit en sera divisé par le diviseur constant 324. Le
quotient indiquera le nombre de tonneaux de capacité
sujets aux droits de tonnage.

Paragraphe unique. — Pour le mesurage des navires
chargés, la hauteur du pontal sera prise par la pompe, dont
on mesurera l'espace compris entre la face intérieure du
plancher du pont et la face supérieure du flanc du navire
auprès de la carlingue. Le diviseur, dans ce cas, sera 343.

Art. 4.

Dans le jaugeage des bâtiments à vapeur, on retran-
chera de la longueur susmentionnée tout l'espace compris
entre les deux murailles qui séparent l'endroit occupé par
la machine, le fourneau, les chaudières et toutes les autres
pièces appartenant au système de la machine. La longueur nette, après cette déduction faite, sera celle que l'on
devra multiplier par les deux autres dimensions, en pro-
cédant de la manière indiquée dans l'article précédent.

Art. 5.

Dans les bâtiments qui auront un gaillard d'arrière,
une dunette ou un gaillard d'avant, les trois susdites dimensions seront prises sur le pont, de la manière prescrite

par l'article 3 , sans que ces accessoires extérieurs d'arrangement altèrent en rien la capacité sujette au jaugeage, pour l'évaluation des droits de tonnage.

Art. 6.

Après qu'on aura pris les susdites dimensions et évalué le port en tonneaux de capacité pour le payement des droits de tonnage, le résultat en sera gravé, dans les navires nationaux, en grands chiffres, dans un des vides de la grande écoutille, conformément à ce que prescrit le Code de commerce, § 1319; et déclaration de ce jaugeage sera également faite dans l'article du registre de nationalité concernant le navire, sans qu'il soit nécessaire de faire un nouveau jaugeage, à moins de quelque changement notable apporté dans la construction du navire.

Art. 7.

Il sera délivré par la douane respective aux navires étrangers, et surtout aux bateaux à vapeur fréquentant périodiquement les ports de ce royaume, un laissez-passer qui spécifiera l'évaluation de leur jaugeage et qui suppléera à l'avenir aux jaugeages multipliés qui auraient lieu à chacun de leurs voyages. Lorsque, cependant, il sera reconnu qu'un changement remarquable aura été fait dans la construction du navire, il sera procédé à un nouveau jaugeage.

Art. 8.

Les dispositions de l'article 10 du décret du 14 novembre 1836 demeurent abrogées ainsi que toute législation contraire.

Nous ordonnons en conséquence aux autorités chargées de la connaissance et de l'exécution de la présente loi de l'observer et de la faire exécuter dans toute sa teneur.

Le Ministre et Secrétaire d'État des Finances la fera imprimer, publier et distribuer. — Donné au Palais de Necessidades, le 24 avril 1844. — La Reine. — (*Contre-signé*:) Le comte de Tojal. — *Locus Signi.*

ANNEXE Y.

Attendu qu'il convient d'encourager autant que possible la construction et la navigation nationales, comme un des moyens les plus efficaces pour le plus grand développement du commerce de ce royaume; Sa Majesté la Reine ayant eu sous les yeux le rapport fait par la commission permanente des Tarifs, le 2 juillet dernier, qui propose l'augmentation des droits que le tarif général des douanes établit sur les bâtiments étrangers acquis par des sujets portugais; il plaît à la Reine, en se conformant à l'avis émis dans le susdit rapport, d'ordonner que les navires étrangers condamnés comme hors de service et destinés à être démolis, avec tous leurs agrès, tels que : ancres, cordages, mâture, manœuvres fixes et courantes, voilures, poulies, futailles, canots, artillerie, armes portatives, etc., et autres ustensiles quelconques à l'usage de bord, à l'exception seulement des vivres, payent à l'avenir un droit de 10 pour 100 sur le prix d'adjudication à l'enchère publique, et que les bâtiments neufs ou en état de naviguer, pontés ou non pontés, avec tous leurs agrès et apparaux ci-dessus mentionnés, à l'exception aussi des vivres, qui seront vendus, ce qui pourra avoir lieu sans que ce soit à l'enchère, payent par tonneau le droit de 7,500 reis (45 francs) à l'entrée, et de 100 reis (65 centimes) à la sortie, jusqu'à résolution ultérieure des

Cortès. Sa Majesté ordonne que, par la voie du Ministère des Finances, communication en soit faite au Conseiller-Directeur de la Grande Douane de Lisbonne, afin qu'il s'y conforme. — Palais de Necessidades, le 6 juillet 1847. — (*Signé:*) LE COMTE DE TOJAL.

ANNEXE Z.

Sa Majesté la Reine, ayant été informée que quelques commandants des bâtiments de l'État, dans les ports nationaux ou étrangers où ils sont entrés, au lieu de faire simplement aux autorités consulaires la réquisition des vivres et autres objets indispensables à la continuation de leur voyage, en ont requis et reçu plus qu'il n'en avaient besoin, et beaucoup d'autres de pure fantaisie et de luxe, abusant ainsi de la confiance que le Gouvernement avait déposée en eux, et grevant le Trésor public par l'accroissement de dépenses inutiles, ordonne qu'aucun commandant des bâtiments de l'État ne puisse exiger ni recevoir, hors du port de Lisbonne, que les denrées de rafraîchissement habituellement accordées aux équipages dans les ports, les vivres indispensables pour continuer ou terminer le voyage, eu égard au nombre de leurs équipages; les objets nécessaires pour les réparations du navire, du grécment et de la voilure, ainsi que l'argent nécessaire pour le payement de quelques mois de solde, ou des frais de table, lorsque le retard apporté dans le voyage sera d'une nature telle qu'il soit urgent de faire ces payements hors dudit port. Les commandants, dès qu'ils seront de retour au port de Lisbonne, remettront au Ministère de la Marine et à la Chambre Générale des Comptes de la

Marine, une note détaillée des secours qu'ils auront reçus, tant en argent qu'en matériel, dans les différents ports où ils auront touché ; ce compte devra être fait en monnaie du pays où les secours auront été reçus ; les commandants qui manqueront à ces formalités seront aussitôt privés de leur commandement et payeront en outre, de leurs biens, l'excédant de dépense qu'ils auront faite indûment ainsi que toute somme qu'ils auront oublié de mentionner dans le compte qu'ils doivent présenter. Le Major Général de la flotte fera publier cette détermination de Sa Majesté dans l'ordre du jour de la flotte ; il en donnera, en outre, avis à tous les commandants des navires de l'État qui se trouveront hors de ce port, et qui en devront accuser réception ; quant à ceux qui partiront à l'avenir, la présente ordonnance sera transcrite dans leurs instructions respectives. Sa Majesté recommande audit Major Général de faire observer exactement ces déterminations et de donner avis, par la voie du Ministère, de toute infraction qui pourrait avoir lieu. — Palais de Necessidades, le 14 mars 1836. — Vicomte de Sa da Bandeira.

Sa Majesté la Reine fait remettre, par la voie du Ministère de la Marine et d'Outre-mer, au Major Général de la flotte, pour tous les effets nécessaires, les instructions ci-incluses, faisant partie de la présente ordonnance, qui sont signées par le Chef de Division honoraire Manoel Jorge d'Oliveira Lima, et sur lesquelles les commandants des navires de guerre, d'accord avec les Consuls ou les agents portugais dans les ports étrangers, devront se régler dans les demandes qu'ils pourront avoir à faire de provisions pour les navires de leur commandement. — Palais de Bélem, le 9 février 1846. — (*Signé :*) JOAQUIM JOSÉ FALCAO.

INSTRUCTIONS

Que doivent observer les commandants des navires de guerre portugais, afin qu'il y ait toute la régularité nécessaire dans les fournitures des vivres, les réparations des navires, et dans tout ce qui pourrait motiver une dépense quelconque pour laquelle il y aurait lieu à tirer une lettre de change.

Lorsqu'il devra être fait quelque fourniture de vivres, le commandant du navire, d'accord avec le Consul ou l'agent consulaire, fera faire les annonces nécessaires, afin de voir s'il se trouve quelqu'un qui les veuille fournir de la meilleure qualité et avec le plus d'économie.

Il ne devra être acheté aucune denrée sans qu'on en ait préalablement examiné la qualité, et, aussitôt qu'elle aura été reçue, elle devra être portée en compte, par classes, au commissaire du bord.

Les comptes présentés par les vendeurs ne seront payés par les Consuls ou agents consulaires que lorsqu'ils porteront le *vu* du commandant du navire et cette déclaration, apposée par l'écrivain : *Inscrit à la feuille.... du livre des recettes.*

Les ouvrages et les réparations seront faits de la même manière, et procès-verbal en sera dressé en présence du Consul ou de l'agent, du commandant, du maître du chantier, etc., qui tous le signeront avec l'écrivain du navire ; il appartient aux inspecteurs du bord de veiller à ce

que les conditions soient strictement remplies, et l'on aura
bien soin de déclarer les sommes stipulées pour ces ouvrages et ces fournitures, avec toutes les formalités sui-
vies dans ces sortes de contrats ; ces déclarations seront présentées au moment du solde des comptes des sou-
missionnaires respectifs.

Toutes les dépenses faites dans des ports étrangers et
payées par le Consul ou autre agent quelconque que le
Gouvernement désignera, et pour lesquelles il sera nécessaire de tirer des lettres de change sur les coffres publics
de Portugal, ou sur l'agence financière à Londres, ou enfin comme il conviendra le mieux, sont sujettes aux dispositions suivantes :

Une fois le compte des payements faits par le Consul
ou l'agent arrêté et vérifié, on lui remettra des lettres de
change signées par le commissaire du bord, comme tireur, et contre-signées par le commandant, et l'on déclarera, dans le corps de la lettre, que le montant en provient de dépense faite pour ledit bâtiment de telle à telle
époque, le change ou l'agio et la somme correspondante
en reis de Portugal ; ces lettres porteront à la marge l'indication suivante, faite par l'écrivain du bord : *Inscrite
à la feuille..... du livre de recette du commissaire ;* et il
la signera.

Conjointement avec chaque traite, le commandant enverra un avis au Ministère de la Marine, en indiquant la
traite ou les traites qu'il aura faites ; et dans cet avis il devra mentionner toutes les circonstances nécessaires de
leur montant relativement aux monnaies étrangères, au
change, à l'agio, au temps, à l'ordre de qui elles sont
faites, et la nature de la dépense qui les a occasionnées ;
il déclarera en outre si les dépenses proviennent du payement de la solde, des frais de table, salaires, vivres, matériel de rechange, travaux à la journée d'ouvriers em-

ployés à ces ouvrages ; circonstances qui ne peuvent être inscrites dans le corps de la traite, mais qui immanquablement le devront être dans la dépêche d'avis, dont un double sera remis avec la traite au Consul ou à l'agent consulaire pour le transmettre au Ministère, et l'autre double sera directement envoyé par le commandant à ce Ministère par le premier courrier, ou par la première occasion qui se présentera.

Aussitôt que le Consul ou l'agent aura reçu le montant de la traite ou des traites, il remettra au commissaire du navire les documents originaux avec le compte respectif, que l'écrivain du bord classera ensuite conformément aux modèles qui lui seront donnés par la Chambre Générale des Comptes de la Marine ; tous ces comptes bien en règle, joints à tous les documents qui les ont motivés, seront envoyés par la première occasion opportune au Ministère de la Marine ; le commandant demeure complétement responsable de l'exécution de ces ordres. — Ministère de la Marine et des Colonies, le 9 février 1846. —(*Signé :*) Manoel Jorge d'Oliveira Lima.

AVERTISSEMENT.

Comme, en pays étrangers, les Consuls font l'office de notaires, par la foi publique qui leur est conférée par le présent règlement, pour tous les contrats qui pourraient être faits entre sujets portugais, ou entre ceux-ci et des étrangers, pour être exécutés en Portugal et dans ses possessions, il est essentiel qu'ils connaissent bien leur devoir dans ces sortes d'actes, afin que ceux-ci ne puissent être annulés pour quelque manque de formalités.

Ainsi donc, tous les actes publics devront être faits en présence de deux témoins ; et, lorsqu'une des parties ne pourra ou ne saura pas écrire, il y aura un troisième témoin qui signera à la prière de la partie ou des parties qui ne sauraient ou ne pourraient pas écrire.

Les testaments exigent la présence de cinq témoins, et les codicilles de quatre ; mais pour ces actes, lorsque le testateur ne saura ou ne pourra pas écrire, un des témoins pourra signer pour lui, à la condition expresse qu'il déclare devant sa signature — *qu'il signe par ordre du testateur, vu que le susdit ne sait (ou ne peut) pas écrire.*

La déclaration du jour, du mois et de l'année, de la ville, du village, ou de l'endroit et de la maison où l'acte est fait, est de même essentielle, et est énoncée dans le formulaire ; il est aussi nécessaire de lire l'acte avant sa signature et de déclarer expressément qu'il en a été donné lecture.

Il est défendu de stipuler : 1° le renoncement à la citation, afin que l'une des parties contractantes ne soit condamnée sans avoir été préalablement citée ; 2° la clause dépositaire, c'est-à-dire que l'on ne puisse être entendu en justice sans avoir déposé une certaine somme, excepté dans les transactions pour extinction de procès et dans les contrats d'assurance, d'affrétement et d'engagement de matelots ; 3° que les parties s'engagent par serment promissoire, sauf si une permission royale le leur accorde.

Attendu que dans la transmission de propriétés situées en Portugal, lorsque cette transmission aura lieu par contrat onéreux (vente ou donation *in solutum*), on devra payer le droit de vente et autres droits additionnels ; et, lorsqu'elle aura lieu par contrat bénéficiaire (*donation*), on aura à payer l'impôt établi d'après les degrés de parenté pour les parents directs ou par alliance, et pour les étrangers ; et comme il n'est pas possible de présenter les documents en règle relatifs à ces payements pour les contrats faits en pays étrangers, avec l'anticipation préalable ordonnée pour les contrats faits dans le royaume, afin qu'ils soient transcrits *verbo ad verbum* dans les actes ; en conséquence, lorsque l'occasion se présentera de faire quelqu'un des susdits contrats, on devra expressément y déclarer que leur mise en vigueur est suspendue jusqu'à ce que les droits qui y sont inhérents aient été payés dans le royaume.

Il est essentiel que les parties qui auront à signer un acte quelconque soient connues au Consulat, ou qu'elles présentent deux témoins dignes de foi, connus, et qui reconnaissent l'identité des parties. Toutes ces circonstances devront être mentionnées dans l'acte.

FORMULAIRE

CERTIFICAT POUR LE MINISTÈRE.

N.   , Consul de la Nation Portugaise à

certifie que le navire   , maître N.
du port de   tonneaux, à l'ancre dans ce port, est prêt à
prendre la mer pour   , ayant à bord
d'hommes d'équipage, y compris ledit maître, et   passagers.
   Consulat de Portugal à   , le   18

    (*Locus signi.*)   N.

                                    Consul

BILLET DE SANTÉ NET.

N.   , Consul, etc.,

ais savoir à toutes les autorités du royaume de Portugal auxquelles le présent billet de santé sera présenté que la ville ou village de   est exempt de la peste ou de toute autre maladie contagieuse, à l'époque de la sortie pour

du navire   , capitaine N.   , ayant à bord   d'hommes d'équipage et   passagers.

En foi de quoi, et pour qu'il ne lui soit mis aucun empêchement, je lui délivre le présent billet par moi signé et scellé du sceau de ce Consulat, le   18   .

                                                       N.

(Locus signi.)   *Consul.*

Enregistré au folio   du livre compétent.

CERTIFICAT OU VISA DU BILLET DE SANTÉ DES NAVIRES ÉTRANGERS LORSQU'IL AURA ÉTÉ DÉLIVRÉ PAR L'AUTORITÉ DU PAYS.

N.   , Consul, etc.,

certifie que ce billet de santé est le propre et le vrai avec lequel a été dépêché dans ce port le navire   , capitaine N.   , faisant route pour   avec   hommes d'équipage, y compris le maître et   passagers; en outre, que cette ville et ses environs sont exempts de peste et de toute autre maladie contagieuse. En foi de quoi je lui ai dé livré le présent, etc.

Le   18

N.

(*Locus signi*).   *Consul.*

CERTIFICAT DE MARCHANDISES VENDUES AUX ENCHÈRES.

N.   , Consul, etc.,

certifie que le   , jour des enchères faites à la de- mande de N.   , j'ai assisté à la vente publique des marchandises déposées à   , formant partie (*ou la totalité*) du chargement du navire   , capitaine N. venant de   , et entré dans ce port le   ; et que lesdites marchandises, ayant été partagées en lots marqués et numérotés, comme il suit, ont été vendues au plus haut prix possible, après tous les efforts faits dans les intérêts des propriétaires. (*Il faut déclarer ici la qualité des marchandises, les lots qui en ont été faits, les marques, les numéros, le prix obtenu pour chaque lot, les dépenses faites, les noms de l'acheteur et du vendeur, et le produit net de la vente.*)

En foi de quoi je lui ai, à sa demande, délivré le présent, par moi signé et scellé du sceau de ce Consulat.

Le   18

N.

(*Locus signi.*)   *Consul.*

CERTIFICAT D'ORIGINE DES MARCHANDISES.

N.   , Consul, etc.,

certifie que les marchandises (*suit leur désignation*) contenues dans les caisses ou colis (*en déclarer ici le nombre, la marque, la dimension et le poids*) embarquées sur le navire   , capitaine   , et auxquelles se rapportent les connaissements Nᵒˢ   , sont d'origine (*production ou industrie*) de

En foi de quoi j'ai délivré le présent, par moi signé et scellé du sceau de ce Consulat.

Le   18

N.

(*Locus signi.*)   *Consul.*

CERTIFICAT DE VIE OU DE RÉSIDENCE.

N.   , Consul, etc.,

certifie que dans cette Chancellerie du Consulat de la Nation Portugaise a comparu N.   , sujet portugais (*ou de toute autre nation*), demeurant   par moi reconnu pour être lui-même (*ou par deux témoins soussignés*), et, pour servir où besoin sera, je lui ai délivré le présen certificat, par moi signé et scellé du sceau de ce Consulat.

Le   18

N.

(*Locus signi.*)   *Consul.*

(*Signature du requérant.*)

CONTRAT DE RISQUE MARITIME.

Il est fait savoir à tous ceux qui ce contrat de risque maritime verront que, l'an de la naissance de Notre Seigneur Jésus-Christ mil huit cent   , le   jour du mois de   , dans cette Chancellerie de la Nation Portugaise à   , ont comparu, d'une part, comme preneur d'argent à risque, N.   , capitaine du (1)   portugais, nommé   , actuellement à l'ancre dans ce port de   , où il est entré en relâche par force majeure, étant parti du port de   , en destination à   , portant un chargement complet de   , ainsi qu'il appert de ses déclarations dûment faites; et, d'autre part, comme prêteur à risque (2)

Le preneur a dit que, ayant besoin de la somme de   non-seulement pour subvenir aux dépenses dudit navire, occasionnées par sa relâche forcée dans ce port de   , mais encore pour faire ses expéditions, afin de pouvoir continuer son voyage jusqu'à sa destination, il avait désiré prendre ladite somme par emprunt de change à risque maritime à celui qui le ferait à meilleur compte; que le courtier maritime N.   , chargé de la négociation de cet emprunt, l'a mis aux enchères à la Bourse de cette place, et qu'il a été adjugé à lui prêteur le   , aux conditions déclarées dans le certificat du susdit courtier, faisant partie du présent acte; et que la prime du contrat est de   pour cent sur le capital. Et, comme lui preneur a déjà reçu du prêteur ledit capital de   , en monnaie,   , il s'engage par le présent acte, trois jours après l'arrivée à bon port à   du susdit navire, dont lui, preneur, est capitaine, à payer à lui prêteur N.   , ou à son

(1) Indiquer la qualité, le nom du navire et le pays où il a été construit.

(2) Indiquer le nom du prêteur, son emploi et sa résidence pour prouver son identité.

ordre, lorsque la première expédition de cet acte servant de lettre de risque maritime lui sera présentée (la seconde ou la troisième ne l'ayant été), ladite somme de -
du capital, et celle de   , comme prime à raison de   pour cent sur ledit capital ; ces sommes seront payées en monnaie courante du port de sa destination ainsi que la prime au change de (1)   , ce qui forme le total (capital et prime) de   ; cette prime étant établie pour tous les risques de mer, feu, corsaires, ennemi, faux ami, et tous autres risques maritimes que court le susdit navire depuis sa mise à la voile, pour faire son voyage, jusqu'à son mouillage dans le port de sa destination. Et au payement du tout l'emprunteur engage et hypothèque le chargement, le navire, et tout ce qui en fait partie : ses agrès, appareils et le fret. En foi de quoi il m'a demandé de lui dresser le présent acte, accepté par le prêteur, exigeant qu'il lui soit remis en trois expéditions, desquelles, une fois une accomplie, les autres seront sans effet. Les témoins présents sont :

N. B. Toutes les lacunes indiquent, par ce qui précède et par ce qui suit, comment elles doivent être remplies. Les jours de l'échéance, portés ici à trois, ne sont qu'une démonstration, car leur nombre peut être plus ou moins grand, à la volonté des parties.

Ordinairement, les contrats de risque maritime se font lorsqu'un navire entre en relâche, par force majeure, dans un port où il n'a pas de correspondant, ni de fonds du propriétaire pour subvenir aux dépenses causées et qui sont inévitables ; le formulaire est fait dans ce sens. Cependant, il peut arriver que, sans que ce soit par relâche, un navire mouillé dans un port quelconque ait besoin pour son armement, avant le voyage qu'il va entreprendre, par une circonstance imprévue, de fonds qu'il voudrait prendre à risque ; dans ce cas, il n'y a aucun inconvénient qui s'y oppose. Mais il est toujours nécessaire de le faire par écrit, de mentionner le capital emprunté, de stipuler la

_____

(1) Lorsque la monnaie courante de l'endroit où est fait l'emprunt est différente de celle où aura lieu le remboursement, il faut régler le change pour éviter toute contestation.

prime par une indication séparée; d'indiquer les objets sur lesquels repose l'emprunt, les noms du navire et du capitaine, ceux du prêteur et de l'emprunteur, l'énumération des risques, l'époque du payement et l'endroit où il sera fait; si l'emprunt est pour un ou plusieurs voyages, et le temps qu'il durera. L'acte ou la traite devra contenir la date du jour et le lieu où l'emprunt a été fait. — *Code de Commerce*, §§ 1622 *et* 1623.

CONTRAT OU LETTRE D'AFFRÉTEMENT, OU CHARTE-PARTIE.

Il est fait savoir à tous ceux qui ce contrat ou lettre d'affrétement verront que l'an de la naissance de Notre Seigneur Jésus-Christ mil huit cent   , le   jour du mois de   , dans cette Chancellerie du Consulat de la Nation portugaise à   ont comparu, d'une part comme fréteur (1)   ,
et d'autre part comme affréteur (2)
               , lesquels ont dit avoir contracté l'affrétement entier du (3)   actuellement à l'ancre dans le port de (4)   , dont le premier est (5)   , le navire étant du port de (6)   tonneaux portugais, et cela aux conditions suivantes : — 1º Que le fréteur mettra le susdit navire en parfait état d'armement, estane de quille et de flanc, avec équipage, apparaux, aiguade et vivres nécessaires, capable en tout d'entreprendre le voyage convenu; — 2º Qu'il fera aussitôt recevoir à bord et arrimer par ses hommes d'équipage, de manière à ce qu'il soit bien conditionné, le chargement, en tant que légal, que lui enverra l'affréteur; — 3º Qu'aussitôt le navire chargé, et non sur-

---

(1) Indiquer le nom, la qualité et la résidence.
(2)   Idem.
(3) Le genre de navire, son nom et son armement.
(4) Le nom du port.
(5) Propriétaire, capitaine ou maître, ou consignataire.
(6) Le nombre de tonneaux qui constitue le port du bâtiment.

chargé, les ordres donnés, les dépêches obtenues et le temps
jugé favorable, il prendra la mer et continuera son voyage en
droiture au port de (1)   , où doit avoir
lieu son déchargement, et où il déchargera aussitôt qu'il aura fait
son entrée à la douane ; — 4° Que sont seuls exceptés de l'affrétement la chambre, l'emplacement de l'équipage, des vivres, de
l'eau et des apparaux du navire ; et qu'il est défendu au noliseur
de charger aucune marchandise dans ces endroits réservés sans
la permission par écrit du fréteur ; — 5° Que le fréteur (2)
                    les connaissements d'usage, et qu'il
s'engage à ne toucher à aucun port, autre que celui de sa destination, sauf s'il y était forcé par le temps ou par force majeure,
ce qui, dans ce cas, sera prouvé par un document en règle ; —
6° Qu'il est accordé pour le chargement et le déchargement (3)
            jours ouvriers, ceux de déchargement commen-
çant à compter du jour de l'entrée en douane, et ceux de chargement de celui où le fréteur fera savoir au noliseur qu'il est prêt
à recevoir la cargaison à bord ; — 7° Que les jours qui excéderont
ceux qui sont accordés seront payés par le noliseur à raison de
(4)   par jour ; — 8° Que toutes les dépenses
de chargement et de déchargement sont au compte du noliseur,
et que les frais de mouillage et autres frais de port sont au
compte du fréteur ; — 9° Qu'en cas d'avarie grosse et ordinaire,
et autres cas non prévus, le règlement en sera fait d'après les
lois et les usages du commerce ; — 10° Que le noliseur s'engage
à payer au fréteur la somme de (5)   pour le
fret de ce contrat, aussitôt qu'aura été effectué le déchargement

---

(1) La désignation du port de sa destination et de la puissance à laquelle il appartient.

(2) S'engage à signer, étant le capitaine du navire ; ou s'engage à faire
signer par le capitaine.

(3) Le nombre de jours qui peuvent être ouvriers ou courants, à la volonté des parties, ce qui devra y être consigné.

(4) Il est essentiel d'indiquer ce qui devra être payé pour les jours de
surplus.

(5) Lorsque le fret est complet, il faut désigner non-seulement la somme,
mais encore en quelle espèce de monnaie elle devra être payée. Ce peut
être aussi tant par tonneau ; mais, dans ce cas, comme le noliseur peut
ne pas mettre un chargement complet, il pourra être stipulé qu'il payera
les vides comme pleins, sauf convention contraire.

dans le port de destination, et qu'en outre il payera au capitaine du bâtiment, à titre de prime ou de gratification (1)   .

Et, les susdites conditions ayant été proposées et acceptées mutuellement, chacune des parties, en ce qui la concerne, s'engage à les accomplir fidèlement, prenant sous leur responsabilité réciproque les préjudices, pertes et dommages causés par le manque d'exacte observance ; engageant, comme ils engagent et hypothèquent, le fréteur, son navire avec tous ses apparaux et les frets, et le noliseur le chargement et tous ses biens en général. Cet acte, après avoir été rédigé, a été lu à la demande des parties et confirmé par elles, en présence des témoins

, qui ont signé avec les contractants.

Fait le

Les affrétements varient beaucoup ; si pour chacun d'eux il fallait donner un modèle, rien que pour ce genre de contrat, un volume suffirait à peine.

On fait des affrétements complets et pour un seul voyage ; ce sont les plus ordinaires ; c'est pour ceux-ci que nous avons donné la formule ci-dessus. On en fait pour voyage d'aller et de retour ; d'une partie du navire ; pour naviguer au mois pour le compte du noliseur ; mais dans ce cas il faut déterminer le temps qu'il durera et les ports où il lui est permis d'entrer, afin que le fréteur puisse faire ses assurances ; il est également nécessaire d'indiquer le mode de payement du fret, s'il doit avoir lieu dans chaque port où l'on déchargera, à qui et par qui, ou si ce ne sera qu'à l'expiration du contrat. Le noliseur ou le consignataire sera toutefois obligé à fournir au capitaine ou maître du bâtiment, à compte sur les frets, les sommes dont il pourrait avoir besoin pour subvenir aux dépenses, dans les différents ports où il ira, et qui doivent être indiqués dans le contrat.

(1) L'obligation dans laquelle serait le noliseur de payer au capitaine ou au maître la gratification ou prime dépend des conventions qui auraient été faites entre les parties de la stipuler ou non.

Il y a cependant une espèce particulière d'affrétement: c'est celui qui se fait de la chambre ou de certaines cabines pour le transport de passagers. En voici le modèle:

Il est fait savoir, etc.

et ils ont dit avoir contracté le nolissement de la chambre du navire   actuellement à l'ancre dans le port de   pour transporter   personnes au port de   , où aura lieu son déchargement, aux conditions suivantes : — 1° Que le fréteur fera les divisions nécessaires pour la séparation décente et l'arrangement des personnes, selon leur condition, et donnera avis au noliseur en temps convenable, que tout est prêt, afin qu'il fasse embarquer les personnes qui y doivent être transportées ;— 2° Que jusqu'au   le navire sera dépêché et prêt à entreprendre le voyage auquel il est destiné, et devra mettre à la voile ce jour-là, si le temps le permet ; — 3° Qu'il recevra à bord et fera placer par les hommes de son équipage, de manière à ce qu'ils soient bien conditionnés, les meubles suivants :   ; — 4° Que pour le fret de ces meubles et le passage de ces personnes, y compris les frais de nourriture que le fréteur s'engage à donner à la table d'arrière, aux passagers dont il est question, depuis le jour de l'embarquement jusqu'à celui du débarquement, leur fournissant une nourriture saine et abondante, le noliseur payera la somme de   en monnaie de   dont le payement sera fait à   ; — 5° Que, s'il y a du retard dans le départ du navire, ces jours seront payés à raison de   par jour par le noliseur au fréteur, ou par celui-ci à celui-là, selon que l'un ou l'autre en aura été la cause. Ils ont ainsi fait leur contrat, etc., etc.

CONTRÂT DE VENTE ET D'ACHAT DE NAVIRE

Il est fait savoir à tous ceux qui le présent acte de vente de navire, quittance du prix et engagement verront, que, l'an mil huit cent   de la Naissance de Notre Seigneur Jésus-Christ, le   jour du mois de   , dans la Chancellerie du Consulat de la Nation portugaise à   ont comparu, d'une part comme vendeur   et d'autre part comme acheteur   , lesquels ont dit être convenus, le premier de vendre et le second d'acheter le (1) qui se trouve à l'ancre dans le port de   et qui appartient au vendeur aux justes titres, auxquels il se rapporte ; et que, pour effectuer leur contrat, vend et transfère pleinement par le présent acte à   le susdit   avec tout ce qui en fait partie, ses agrès et apparaux spécifiés dans l'inventaire respectif, déjà livré par le vendeur à l'acheteur, qui a vérifié ledit inventaire, le tout pour la somme de   ; et, comme le vendeur est déjà intégralement payé du prix convenu entre eux, il donne quittance pleine et entière à l'acheteur, qui pourra, en conséquence, disposer du bâtiment vendu comme lui appartenant, et qu'il lui vend, cède et transfère avec tous les droits, actions et possession qu'avait le vendeur, lui donnant et transférant dès à présent la propriété du susdit navire, avec tout ce qui en fait partie, agrès, apparaux, *per clausulam constituti*; lui promettant aussi de prouver que le susdit bâtiment est bon, libre et exempt de dettes ou autres charges quelconques, et lui en donnant l'éviction de droit, dans les termes et de la manière qu'il y aura lieu, engageant pour cela ses biens.

Et il a été dit par l'acheteur qu'il accepte ainsi, et que le bâtiment nommé jusque aujourd'hui   se

(1) On doit déclarer l'espèce de navire, si c'est une goëlette, un brick, une barque, etc.; le nom, le pays où il a été construit, son port, et toutes les circonstances qui peuvent servir à le bien désigner.

nommera dorénavant   . Et de ce
contrat j'ai fait dresser le présent acte, dont ont été témoins
                        , qui l'ont signé avec
moi et les parties, après qu'il a été lu devant eux tous, et confirmé exact. Et moi, etc.

N. B. La vente peut être faite par plusieurs à un seul, et *vice versa* par un à plusieurs.

Elle peut être par portions, et dans tous les cas être faite d'un navire à l'ancre dans le port ou en voyage; mais dans ce second cas il faut que le vendeur et l'acheteur désignent bien clairement et bien positivement à qui appartiendront les frets, et l'obligation inhérente de payer les salaires, etc., etc.

Par l'article 1289 du Code de Commerce portugais, aucun étranger non naturalisé, résidant en Portugal, ne peut acquérir un bâtiment portugais en totalité ou en partie. Il s'ensuit, par conséquent, que, résidant hors du Portugal, il peut l'acquérir par achat, lorsqu'il n'y aura pas d'inconvénient à ce que, dans ce cas, l'acte en soit dressé.

On doit avoir bien en vue l'article 1291 du même Code, qui dit que la propriété de navires appartenant à des sujets portugais, et vendue en pays étranger à des étrangers, se transmet selon les lois et les usages de l'endroit où la vente a lieu.

CONTRAT DE VENTE ET D'ACHAT (1).

Il est fait savoir à tous ceux qui le présent acte de vente et d'achat verront que, l'an mil huit cent   de Notre-

(1) Ce contrat, qui est civil, pourrait aussi être réglé sur celui des navires, quoique celui-ci soit commercial, car la formule est commune aux deux espèces; cependant nous donnons la présente formule parce qu'elle peut beaucoup aider dans la rédaction de divers autres contrats d'achat et de vente qui peuvent se présenter. La vente ou l'achat peut être de biens déterminés et désignés par leur nature et leur localité; ce peut être aussi de biens, ou de droits et actions en général, comme les héri-

Seigneur Jésus-Christ, le   jour du mois de   ,
dans le Consulat (ou dans la Chancellerie du) de la Nation portugaise à   , ont comparu, comme vendeur N...   ,
et comme acheteur N...   (*Indiquer la qualité et la demeure ; et, si le vendeur est marié, sa femme devra comparaître.*)

Et le vendeur a dit qu'il possède à titre légitime, provenant
de l'achat qu'il en a fait à N...   (*ou d'héritage qui lui
est survenu par la mort de son père N...*   ) une propriété rustique (*ou urbaine*), située à   (*indiquer
l'endroit, la paroisse, la commune et le district*),   laquelle avec toutes ses dépendances, droits, issues et terrains, il
vend dès aujourd'hui et pour toujours à N...   , pour
le prix de   , en monnaie de   ,
exempt pour le vendeur de tous impôts ou droits seigneuriaux
quelconques qu'il peut y avoir à payer pour cette vente. Et,
comme ledit vendeur a déjà reçu le susdit prix   (*ou
le reçoit au moment du contrat*)   , il en donne quittance
pleine et entière à l'acheteur, auquel il cède entièrement et transfère le droit, l'action et la possession qu'il a sur la propriété
vendue, afin que l'acheteur puisse, lorsqu'il le voudra, en prendre possession et en disposer comme de chose à lui appartenant ; laquelle possession, soit qu'il la prenne ou non, lui est
dès à présent donnée et transmise par la clause *constituti ;* et il
s'engage à lui en faire la vente bonne et la propriété libre et
exempte de dettes ou d'hypothèques, et à le débarrasser de tout
ce qui pourrait le troubler dans sa possession tranquille, lui
donnant enfin l'éviction de droit. Et l'acheteur a dit qu'il l'accepte ainsi et s'engage au payement des droits dus pour l'achat,
avec la clause que sans cela l'acquisition sera nulle.

Et de ce qu'ils ont dit, octroyé et accepté, j'ai dressé le présent acte, dont ont été témoins   -
          , etc., etc.

tages ou les legs, sans spécification individuelle de propriété. Ce qui est
indispensable, c'est qu'on y mette un prix ; et ce qu'on ne peut pas, c'est
prendre pour prix une dette quelconque qui servirait à les payer ; on
nomme cette transaction action *in solutum*.

CONTRAT DE COMPROMIS.

Il est fait savoir à tous ceux qui le présent acte de compromis verront que , l'an mil huit cent   de la naissance de Notre Seigneur Jésus-Christ, le   jour du mois de   , dans la Chancellerie du Consulat de la Nation portugaise à   , ont comparu N...   et N... *(leur emploi et domicile)*   ; et ils ont déclaré que des difficultés se sont élevées relativement au règlement de leurs comptes, résultant de différentes transactions (*ou de telle transaction*) qu'ils ont faites entre eux, et de la validité de quelqu'un des articles de ces comptes; qu'afin de les terminer sans être obligés d'avoir recours aux tribunaux, ils sont convenus de les soumettre à la décision d'arbitres, le jugement arbitral devant avoir lieu dans cette Chancellerie (*ou en Portugal, où ils sont sur le point de se rendre, au tribunal de commerce de première instance de la ville de*   ), et pour cela ils nomment dès à présent par ce compromis, le premier octroyant, comme arbitre de son côté, N..., le second octroyant, comme arbitre de leur côté, N..., et que tous deux sont d'accord que les deux arbitres en nomment un troisième pour décider, en cas qu'ils soient partagés d'opinion : les deux parties s'engagent à fournir à leurs arbitres respectifs les documents qu'ils ont pour soutenir leurs droits, en les accompagnant d'un rapport démonstratif; que la décision des arbitres sera religieusement observée par eux, comme si c'était un jugement prononcé par le tribunal, vu que dès à présent ils consentent à s'y soumettre et à s'y assujettir, renonçant, comme ils renoncent, à tout recours qu'ils pourraient intenter à la faveur des lois. Et en conséquence de ce qu'ils ont dit, demandé et octroyé, j'ai dressé le présent acte, dont ont été témoins   , etc., etc., etc.

CONTRAT D'INTÉRÊT OU D'EMPRUNT COMMERCIAL.

Il est fait savoir à tous ceux qui le présent acte d'emprunt commercial verront que, l'an mil huit cent   de la naissance de Notre-Seigneur Jésus-Christ, le   du mois de   , dans la Chancellerie du Consulat de la Nation portugaise à   , ont comparu, d'une part comme prêteur N..., et d'autre part comme emprunteur N...   (1).

L'emprunteur a dit qu'il avait reçu du prêteur la somme de   , en monnaie de   , destinée à être mise en circulation dans son commerce, et que conséquemment, par cet acte, et dans la meilleure forme de droit, lui-même emprunteur se constitue et s'avoue débiteur de N... de la susdite somme de   et des intérêts convenus de   pour cent par an (*ou par mois*), que ledit capital devra percevoir à compter d'aujourd'hui jusqu'à la remise entière de la somme; il s'engage à lui rendre le capital en   et les intérêts en   (*c'est-à-dire aux époques d'échéance ou par avance*), engageant et hypothéquant ses biens présents et futurs, et le mieux d'entre eux, au payement de sa dette, et spécialement   (*lorsqu'il y aura une hypothèque spéciale, il faudra la désigner et la vérifier*). Il a été dit par le prêteur qu'il accepte cet acte et contrat dans toute sa teneur. En foi de quoi j'ai dressé, à la demande des deux parties, le présent acte, dont ont été témoins   , qui ont signé avec moi et les susdites parties après lecture faite devant tous. Et j'ai, etc., etc.

(1) Tous deux doivent être négociants, ou au moins le second, ce qui doit être déclaré aussi bien que la résidence de tous deux. L'emprunt commercial admet des intérêts conventionnels. (Article 280 du Code de Commerce portugais.)

En cas de non-stipulation, les intérêts légaux sont de 6 pour 100 par an. (Même article et article 281.) — Pour que ce soit un emprunt commercial, il faut que l'emprunt soit destiné à une opération de commerce, et qu'au moins l'emprunteur (débiteur) soit négociant.

N. B. — Le contrat d'emprunt civil ne diffère du commercial que par rapport aux intérêts, vu qu'ils ne peuvent être que de 5 pour cent par an au moins, tandis que ceux de l'emprunt commercial sont ou déterminés par convention des parties, ou, s'ils ne sont pas convenus, de 6 pour cent par an.

Lorsque l'on donnera en garantie de l'emprunt commercial quelques objets, le titre de l'acte devra être : *Contrat d'emprunt et de gage commercial;* et l'on doit avoir en vue, pour sa validité, les dispositions contenues dans les articles 314 et suivants du Code de Commerce portugais.

L'emprunt peut être aussi commercial, quoique sur hypothèque de navire, du fret ou du chargement, différent cependant du contrat de risque maritime, lorsque le prêteur n'aura à courir aucune des chances de mer. Dans le cas où on hypothéquerait le navire et le fret, il faut ajouter au titre de l'acte : *et d'hypothèque*, ainsi qu'il est dit dans la note 1. Si l'on donnait en garantie le tout ou partie du chargement, il faudrait ajouter au titre de l'acte : *et gage commercial*, l'emprunteur déposant les connaissements entre les mains du prêteur.

CONTRAT D'EMPRUNT CIVIL ET HYPOTHÉCAIRE (1).

Il est fait savoir à tous ceux qui le présent acte d'emprunt hypothécaire verront que, l'an mil huit cent   de la naissance de Notre Seigneur Jésus-Christ, le   jour du mois de   , dans la Chancellerie du Consulat de la Nation portugaise à   , ont comparu, d'une part, comme emprunteur, N...   (*résidence et profession*)   , et d'autre part, comme prêteur, N... (*résidence et profession*).

(1) Quoique dans la formule de l'emprunt commercial il soit dit que l'emprunt civil ne diffère du premier que sous le rapport des intérêts, et que la même formule lui soit applicable, on a toutefois ajouté celle-ci, et l'on pourra prendre de l'une et de l'autre ce qui conviendra pour un de ces contrats.

Et l'emprunteur a dit qu'ayant besoin de la somme de
, en monnaie de   , pour payer des dettes
contractées dans ce pays, et pouvoir se rendre à   ,
il a demandé à emprunter ladite somme au prêteur susdit, à l'in-
rêt légal, sur hypothèque générale de ses biens et sur l'hypothèque particulière ci-dessus mentionnée; et que, ce contrat agréant
au prêteur, il lui a déjà remis ladite somme, que l'emprunteur
confesse avoir complétement et effectivement reçue (ou que le
prêteur devait lui remettre) en signant l'acte, comme il la lui a
effectivement remise devant moi et les témoins ci-après nommés. L'emprunteur, l'ayant comptée et trouvée juste, l'a reçue,
ce dont mon témoignage fait foi.

En conséquence de quoi l'emprunteur a dit qu'il se constitue
débiteur du prêteur pour la susdite somme de
et les intérêts légaux (cinq pour cent par an) que ce capital per-
cevra depuis aujourd'hui jusqu'à la complète remise, promettant et s'engageant à lui payer tant le capital que les intérêts
dans l'espace de   , aussi à compter d'aujourd'hui; et
pour ledit payement il engage et hypothèque généralement tous
ses biens présents et futurs, et spécialement la propriété urbaine
(*ou rustique, ou les propriétés de l'une et de l'autre sorte*) qu'il
a et possède en Portugal (*ou à*   ) dans la localité
de   , paroisse de   , commune
de   , se composant de   , et confi-
nant au nord à   , au sud à   ,
à l'est à   et à l'ouest à   (1). Il
est bien entendu que l'hypothèque spéciale n'annulera pas l'hypothèque générale; et il a été dit par le prêteur qu'il accepte, etc., etc., etc.

N. B. — Si l'emprunteur est marié, la femme devra intervenir
personnellement dans ce contrat, ou par mandataire chargé de
pouvoirs spéciaux. S'il n'est pas marié, ou s'il est veuf, on doit le
déclarer, et, en cas qu'il soit garçon, s'il a atteint la majorité de vingt-
cinq ans. Il convient aussi de déclarer explicitement en quelle
espèce de monnaie est contracté l'emprunt, et si le rembourse-

(1) S'il est possible d'indiquer les démarcations, pour bien désigner la
propriété ou les propriétés hypothéquées, ce ne sera que mieux.

ment devra avoir lieu dans la même monnaie ou dans une autre :
par exemple, si l'emprunt est en livres sterling, en francs, en
florins, et doit être remboursé en Portugal en monnaie portugaise, quel sera le change convenu, pour régler d'après lui le
remboursement, etc., etc.

CONTRAT DE FORMATION DE SOCIÉTÉ EN PARTICIPATION (1).

Il est fait savoir à tous ceux qui le présent acte de société en
participation verront que, l'an mil huit cent   de la
naissance de Notre Seigneur Jésus-Christ, le   jour du
mois de   , dans la Chancellerie du Consulat portugais à
            ont comparu N.   et N.
            (*emplois et résidences ; il faut que l'associé en nom,
au moins, soit négociant*).
Et ils ont dit qu'ils sont associés (*dans une ou plusieurs opérations de commerce, qui devront être spécifiées*)
            et que les conditions de leur contrat sont les suivantes :
1º Que dans cette société l'associé N.   entre avec
            , et l'associé N.   avec   ;
2º Que les négociations qui en font l'objet seront faites par
l'associé N.   en son nom personnel, ne s'engageant comme associé en nom qu'envers les tiers avec lesquels il
négociera ;

(1) Ce contrat est celui qui délie la responsabilité de l'associé, bailleur
de fonds, des pertes en dehors des fonds avancés, aux termes des articles 571 à 576 du Code de Commerce portugais. Mais il faut bien avoir en
vue que l'associé bailleur de fonds, lorsqu'il le sera dans cette intention,
ne peut faire aucun acte de gestion dans la société, ni user de la signature
sociale. L'associé ostensible est celui au nom duquel sont faites les transactions et qui s'engage envers les tiers ; si l'associé bailleur de fonds, qui
est l'associé secret, se fait connaître par un acte quelconque, sa responsabilité devient solidaire, personnelle et absolue comme celle de son coas-
socié. La même chose a lieu dans les sociétés commerciales.
Cette formule peut servir pour les deux cas : Société en participation
ou en commandite et Association commerciale.

3° Que N.   , comme associé secret, limite sa responsabilité à sa mise de fonds ;

4° Que les profits ou les pertes de cette négociation seront partagés entre les associés par portion égale (*ou dans telles proportions*   ) ;

5° Que l'associé en nom demeure obligé de rendre ses comptes, avec toutes les pièces à l'appui, à l'associé secret, de toutes les négociations et de leurs résultats, lorsqu'elles seront terminées ou lorsque l'associé secret les lui demandera ;

6° Que les profits sociaux seront partagés à   (*telles époques*)   et les fonds à la fin des opérations commerciales que la société a pour but ;

7° Que, dans les cas où il s'élèverait des difficultés, elles ne pourront être décidées que par des arbitres commerciaux ; que chaque associé en nommera un, et que les deux arbitres en nommeront un troisième pour décider, en cas que leurs opinions soient partagées. La décision des arbitres sera fidèlement observée comme jugement prononcé par les tribunaux, sans autre appel, auquel ils renoncent.

Et de ce qu'ils ont dit, octroyé et accepté, j'ai dressé le présent acte, dont ont été témoins   , etc., etc.

CONTRAT D'ASSOCIATION COMMERCIALE AVEC RAISON SOCIALE (1).

Il est fait savoir à tous ceux qui le présent acte d'association commerciale avec raison sociale verront, que l'an mil huit cent   de la naissance de Notre Seigneur Jésus-Christ, le   jour du mois de   , dans la Chancellerie du Consulat portugais à   , ont comparu N.   , N.   , N.   , etc.   (*indiquer leurs emplois et leurs domiciles*)

(1) Cette société est régie par les articles 557 à 564 du Code de Commerce portugais, et on doit avoir en vue la disposition des articles 592, 593 et 599.

Et ils ont dit être d'accord pour établir entre eux une Société commerciale, dont le but, ainsi que les conditions qui devront la régir, discutées entre eux et approuvées, se réduisent au présent acte, dans la teneur suivante :

1° Le but social est l'établissement de   (ou le et toutes les négociations inhérentes *commerce licite en général*).

2° Le siége de la Société est à   (*désigner l'endroit*).

. 3° Le fonds social est de reis   , auquel contribue pour sa part l'associé N.   pour et l'associé N.   pour   , etc.

4° La durée de la Société sera de   années à commencer du   et finira le   (ou pour un temps indéfini, et il reste à la volonté d'un des associés de la terminer, pourvu toutefois qu'il en donne avis à ses autres associés moi l'avance).

5° La raison sociale sera de   , dont les associés pourront simultanément se servir (*ou seulement l'associé dont on conviendra*).

6° Les profits ou les pertes seront divisés par moitié, ou tant de parties, dont tant   appartiendront à l'associé N. et tant à l'associé N.   .

7° Le caissier de la Société est l'associé N.   avec les attributions qui lui reviennent en cette qualité.

8° La gestion des affaires appartient aux deux (*ou à tous les associés s'ils sont plus de deux*) conjointement; mais les transactions et les spéculations d'une plus grande importance ne pourront être faites sans le consentement de tous les associés.

9° La tenue des livres aura lieu en partie simple (*ou en partie double*), mais toute dans la forme commerciale, nette, avec la clarté de la bonne foi. L'associé N.   est chargé de la diriger; l'autre (*ou les autres associés*) auront toutefois droit de la voir et de l'examiner toutes les fois qu'ils le voudront.

10° La signature sociale ne pourra être employée que dans les transactions relatives à la Société, et non dans des billets de faveur ni d'autres objets qui y seraient étrangers: car, dans le cas où un usage abusif en serait fait, l'associé qui l'aura pratiqué en sera seul responsable.

11° Chaque associé ne pourra recevoir de la Caisse, pour ses dépenses personnelles que la somme de   par mois.

12° L'admission et le renvoi du teneur de livres et des commis, ainsi que la fixation de leurs appointements, n'aura lieu que d'un commun accord entre tous les associés.

13° Tous les ans (*ou aux époques qui seront désignées*) on établira le bilan avec le concours des associés, ou de leurs délégués en cas d'empêchement de quelqu'un d'eux. A cette occasion, ils décideront si les bénéfices doivent être partagés ou laissés dans le fonds social.

14° Dans la dissolution de la Société, si elle a lieu par la mort d'un des associés, l'associé *superstite* devra être chargé d'en faire la liquidation, et, si c'est pendant la vie de tous deux (*ou de tous*), ce sera celui ou ceux qu'ils choisiront d'entre eux.

15° Une fois la Société dissoute et la liquidation faite, le partage aura lieu de la manière suivante :

16° Les difficultés qui pourront s'élever entre les associés, ou avec leurs héritiers, lorsqu'un d'eux sera décédé, ou qui se seront élevées pendant la durée de la Société, ou à sa dissolution et à sa liquidation, ne pourront être décidées que par des arbitres commerciaux; chaque associé en nommera un, et les deux arbitres un troisième. La décision arbitrale sera exécutée comme un jugement prononcé par le tribunal, sans autre appel, auquel ils renoncent.

Et de ce qu'ils ont dit, octroyé et accepté, en s'engageant à l'observer, j'ai dressé le présent acte, dont ont été témoins
          , etc., etc.

N. B. — Il y a encore d'autres sortes de sociétés établies par le Code de Commerce et qui y sont définies et réglées. Comme nécessairement ce Code doit exister à la Chancellerie du Consulat, cette formule et celle qui a rapport aux sociétés en participation sont suffisantes.

CONTRAT DE LOCATION DE TRAVAUX (1).

Il est fait savoir à tous ceux qui le présent acte de location de travaux verront que, l'an mil huit cent   de la naissance de Notre Seigneur Jésus-Christ, le   jour du mois de   , dans la Chancellerie du Consulat de la Nation portugaise à   , ont comparu, comme locateur (2)   , et comme locataire (3)   ; et ils ont dit qu'ils sont convenus de fournir, le premier au second, un travail certain et déterminé, pour un temps et à un prix aussi convenus; contrat qu'ils veulent réaliser en le réduisant au présent acte et aux conditions suivantes :

1° Le locateur N.   s'engage à aller en qualité de (4)   dans l'établissement du locataire, situé à (5)   , et d'y rester pendant (6)   à compter du jour où (7)   . — 2° Le transport du locateur à sa destination aura lieu par (8)   et aux dépens du (9)   ; les frais de retour, lorsque le temps de durée du présent contrat sera expiré, seront aussi pour le compte du (10)   . — 3° Le locateur servira le locataire dans

(1) Ce contrat peut très souvent avoir lieu, par le besoin que peuvent avoir les entrepreneurs, les compagnies, et même les propriétaires de bien des établissements industriels, d'aller engager des ouvriers, des artistes et des personnes de connaissances techniques qu'ils ne trouveraient pas en Portugal.

(2-3) Il faut exactement désigner les personnes qui figurent dans le contrat par leurs emplois, leur état et leur domicile.

(4) Il faut indiquer, sans équivoque, la profession, l'art ou l'industrie qui fait l'objet de la location.

(5) Outre l'endroit où est placé l'établissement et sa nature, le pays où il se trouve.

(6) Année, mois ou jours.

(7) Il faut indiquer le plus explicitement possible si on devra compter à partir du jour de l'embarquement, ou du jour où il sortira de chez lui, ou bien du jour de son arrivée à destination.

(8) Par mer ou par terre, ou au choix du locataire.

(9-10) Il demeure à la convention des parties de déterminer au compte de qui.

la partie pour laquelle il s'est engagé, autant que ses facultés physiques et intellectuelles le lui permettront, avec le zèle et l'assiduité qu'on doit en attendre. — 4° Le service sera permanent, et il n'aura de repos que (1)   . — 5° Le locateur gagnera la somme de (2)   en monnaie de   , que le locataire s'engage à lui payer (3)   . — 6° S'il survient une maladie, et qu'elle soit légère, elle n'apportera aucun changement à ses appointements, quelle qu'en soit la cause ; si elle est grave, c'est-à-dire si elle dure plus de   jours, et que la cause en ait été provoquée par le locateur, ses appointements seront réduits à   ; et, si elle a été causée par la débauche ou par son inconduite, ses appointements seront suspendus jusqu'à son parfait rétablissement ; il devra remplacer le temps d'interruption par un temps égal, à l'expiration de son contrat, si le locataire l'exige. — 7° Une maladie incurable amène, ainsi que la mort, la dissolution du contrat ; et ce ne sera que dans le cas où cette maladie sera arrivée accidentellement, ou aura été acquise au service du locataire, que celui-ci donnera au locateur la somme de   une fois donnée, et sans aucune autre indemnité. — 8° L'inconduite et l'incorrigibilité, après trois avertissements consécutifs ou faits à différents temps, produiront, de même qu'une maladie incurable, la dissolution du contrat et la cessation des devoirs du locataire. — 9° Et réciproquement, l'abus commis par le locataire, les mauvais traitements qu'il ferait éprouver au locateur, le manque de payement aux époques dues, dissolvent le contrat, le locatenr conservant le droit d'exiger du locataire tous ses appointements et l'exécution de toutes les obligations auxquelles ledit locataire s'était engagé, comme si le contrat était arrivé à son terme. — Enfin les deux parties ont dit qu'elles acceptaient mutuellement ce contrat, à l'accomplissement duquel, dans son sens le plus positif et le plus littéral, chacune d'elles engageait ses biens respectifs. En foi de quoi j'ai dressé le présent acte, dont ont été

(1) Les jours fériés, ou telles ou telles heures de la journée. Cette convention dépend de la nature du service.

(2) Les appointements convenus, et, s'ils sont payés en monnaie étrangère, déterminer le change.

(3) En avance, ou à des époques déterminées et échues.

témoins   , qui ont
signé avec les parties, après lecture par moi faite devant tous.
Et j'ai   , etc., etc.

N. B. Les émoluments à percevoir pour ce contrat sont les
mêmes que pour tous les autres qui précèdent.

ACTE DE DISSOLUTION DE SOCIÉTÉ.

Il est fait savoir à tous ceux qui le présent acte de dissolution
de société et de quittance mutuelle verront que, l'an mil huit
cent   de la naissance de Notre Seigneur Jésus-Christ, le
            jour du mois de   , dans cette Chancellerie
du Consulat de la Nation portugaise à   , ont comparu
N.   et N.   . Et ils ont dit qu'une société commerciale
ayant existé entre eux, dont le but était la négociation de
        , dont ils étaient tous deux gérants, et dont la raison so-
ciale était   , et qu'ayant toutefois résolu
d'un commun accord de la terminer le   (*jour*)   , ils
ont procédé à sa liquidation et à l'apurement des comptes, ce
qu'ils ont fait dans la meilleure bonne foi. Et, comme ils ont
reçu ce qui appartenait à chacun, ils le déclarent par cet acte,
par lequel ils considèrent non-seulement la société comme dissoute, mais encore leurs comptes comme réglés et soldés, et
s'en donnent mutuellement quittance pleine et entière; et de ce
qu'ils ont dit j'ai dressé acte, etc. etc.

N. B. Cette formule est faite pour l'hypothèse qu'elle ren-
ferme. Il y a beaucoup d'autres hypothèses dans la dissolution
des sociétés, pour chacune desquelles il serait impossible de
donner une formule, parce qu'elles dépendent de circonstances
particulières que les parties seules peuvent indiquer: le cas, par
exemple, de déterminer la dissolution, en fixant pour plus tard
la liquidation et l'apurement des comptes; celui de nommer un
d'entre eux ou même un tiers pour faire la liquidation, et celui

de régler le mode à suivre pour y procéder; le cas où, après la liquidation faite, il se trouve un déficit, et où l'on détermine la manière de le solder; et alors il faut éliminer du titre du contrat et dans son texte les mots *quittance*, etc.

CONCORDAT ENTRE UN DÉBITEUR ET SES CRÉANCIERS.

Il est fait savoir à tous ceux qui le présent concordat verront que, l'an mil huit cent   de la naissance de Notre Seigneur Jésus-Christ, le   jour du mois de   , dans la Chancellerie du Consulat de la Nation portugaise à   , ont comparu, d'une part N.   , et d'autre part ses créanciers N.,   N.,   , etc. (*indiquer la profession et la demeure de chacun*).

Et le premier octroyant a dit que des contre-temps fâcheux, survenus dans son commerce, et occasionnés par des pertes éprouvées dans quelques-unes de ses spéculations, par des manques de remises de ses correspondants, par la faillite de quelques-uns de ses créanciers, et par d'autres causes non provoquées, mais malheureusement existantes (1), l'ont mis dans la triste position de suspendre ses payements et de réunir les seconds octroyants, ses créanciers, dans une assemblée qui a dernièrement eu lieu, et dans laquelle lui débiteur leur a fait voir l'état actif et passif de sa maison, dans un inventaire et un bilan qu'il leur a présentés conjointement avec ses livres de commerce, et qu'eux, créanciers, ont dit avoir examinés; et que, attendu la bonne foi de leur débiteur, et voulant lui venir en aide, pour qu'il puisse continuer ses opérations, lesdits créanciers sont convenus de ce qui suit : — 1° Ils lui font une remise de   pour cent sur leurs créances. — 2° Les   pour cent restants leur seront payés dans l'espace de   années, par consignation de   chaque année (*ou chaque semestre ou trimestre*), échéant à *telles époques*. — 3° Si le

---

(1) Ces causes ne sont indiquées ici que pour servir d'exemple : car elles sont, aussi bien que les stipulations du contrat, subordonnées aux circonstances qui se présenteront, et aux conventions respectives des parties.

débiteur vient à manquer à quelqu'un de ses payements, non-seulement les autres payements seront considérés comme échus et l'abandon ou la remise à lui faite sera de nul effet, mais le débiteur sera légalement déclaré en état de faillite, afin que sa masse soit liquidée et divisée proportionnellement entre ses créanciers, selon la nature et le privilége des créances, jusqu'à concurrence de ladite masse. — 4° Les créanciers nommeront deux des leurs pour contrôler la direction que prendra le débiteur dans la gestion de sa maison, et dans la manière de liquider et de pourvoir aux moyens de solder les engagements contractés ici avec tant de bienfaisance et d'équité. Ces contrôleurs sont munis de pleins pouvoirs et autorisés à examiner les livres, les correspondances, et même à établir le bilan de la maison de commerce du débiteur, toutes les fois qu'ils le voudront et le jugeront convenable. Lorsqu'ils s'apercevront que celui-ci marche à une ruine complète, ou par dilapidation ou par toute autre cause coupable, ils pourront aussi le déclarer en faillite pour les effets de l'article précédent. — 5° Ce concordat (si les choses marchent régulièrement) est transmissible, dans tous ses engagements et son exécution, à tous les héritiers, exécuteurs testamentaires, ou représentants des parties. — 6° Les créanciers nomment dès à présent comme contrôleurs, conformément à l'art. 4, N.   et N.   . Il est en outre expressément stipulé que, si le débiteur fait une opposition quelconque aux actes de contrôle des créanciers, ceux-ci pourront *ipso facto* le déclarer en état de faillite, comme s'il se présentait quelqu'un des cas prévus par les articles 3 et 4.

Et de ce qu'ils ont dit, stipulé et mutuellement accepté, j'ai dressé le présent acte, dont ont été témoins   , etc., etc.

N. B. Les émoluments dus pour cet acte sont les mêmes que ceux qui sont dus pour les actes précédents.

CONTRAT D'ÉCHANGE (1).

Il est fait savoir à tous ceux qui le présent contrat d'échange verront que, l'an mil huit cent   de la naissance de Notre Seigneur Jésus-Christ, le   jour du mois de   , dans la Chancellerie du Consulat de la Nation portugaise à   , ont comparu les permutants N...   et N...   (*leurs emplois, leur domicile, et, s'ils sont mariés, leurs femmes*)   .
Et ils ont dit que le premier d'entre eux possède une propriété composée de   , située à   , qui lui appartient à *tel* titre ; et que le second possède une autre propriété composée de   , située à   , lui appartenant à *tel* titre ; que, tous deux étant possesseurs légitimes des susdites propriétés, ils sont convenus de les échanger, comme de fait ils les échangent : le premier devenant possesseur de la propriété appartenant au second, et celui-ci de la propriété appartenant au premier, et se transférant mutuellement le droit, l'action et la possession qu'ils avaient sur la propriété donnée en échange de celle qu'ils reçoivent ; que chacun des permutants peut, en conséquence, prendre possession et disposer de la propriété qu'il reçoit en échange, comme lui appartenant ; possession qu'ils considèrent dès à présent, soit qu'ils la prennent ou non, comme donnée par la clause *constituti*. Et, comme, d'après l'estimation qu'ils font des deux propriétés, ils considèrent l'échange comme au pair, sans qu'ils aient rien à remettre l'un à l'autre, ils se donnent réciproquement quittance pleine et entière, et se soumettent à l'éviction

---

(1) L'échange de biens est une permutation ou vente, qui ne diffère du contrat d'*achat et de vente* qu'en ce qu'elle n'est pas faite *en argent*, mais bien par l'échange d'*une chose pour une autre*. Il peut encore arriver que l'une des parties ait à donner à l'autre une compensation en argent. Dans cet excédant de valeur, lorsqu'il y en aura, si le contrat est relatif à des biens-fonds, il est indispensable de déclarer que la validité en dépend du payement des droits publics là où ils seront dus.

Cette formule est établie pour l'échange d'objets d'égale valeur.

de droit, une des propriétés demeurant l'hypothèque spéciale de l'autre à la sûreté de ce contrat.

Et de ce qu'ils ont dit, demandé et accepté, j'ai dressé le présent acte, dont ont été témoins   , etc., etc.

N. B. Les émoluments sont les mêmes que pour les contrats précédents.

CONTRAT DE DONATION ENTRE VIFS (1).

Il est fait savoir à tous ceux qui le présent acte de donation entre vifs verront que, l'an mil huit cent   de la naissance de Notre Seigneur Jésus-Christ, le   jour du mois de   , dans la Chancellerie du Consulat de la Nation portugaise à   , ont comparu, d'une part, comme donateur, N...   (*emploi et domicile*)   ; et, d'autre part, comme donataire, N...   (*emploi et domicile*)   . Et le premier octroyant a dit que, attendu les bons services du second octroyant N...   et l'amour et l'amitié qu'il a pour lui, et désirant lui témoigner sa reconnaissance, poussé par ces seules raisons, sans qu'il y soit induit, forcé ou engagé par les suggestions de qui que ce soit, il fait de sa propre et libre volonté, par cet acte, le don plein et irrévocable entre vifs, au susdit N...   , de la propriété (*rustique ou urbaine*) qu'il a et possède à   , et qui se compose de   , et cela avec l'entière translation de sa possession, qui lui transfère dès à présent avec tous les droits et actions qu'il a sur elle, et la faculté de pouvoir s'en mettre aussitôt en possession, et que, soit qu'il le fasse ou non, il la

---

(1) Ce contrat est un de ceux qui peuvent être unilatéraux, c'est-à-dire signés seulement par le donateur, lorsque ce sera une simple donation, sans réserves ni conditions qui obligent le donataire, car celui-ci doit alors intervenir pour les accepter et s'engager à leur exécution.

considère comme donnée et conférée par lui, par la clause *constituti*, aux conditions suivantes (1) :

Le donataire a déclaré accepter avec reconnaissance la présente donation, laquelle toutefois ne sera valable qu'après payement des droits de transmission dus dans la localité où se trouve située la propriété. Et de ce qu'ils ont dit, demandé et accepté, j'ai fait dresser le présent acte, dont ont été témoins   , etc., etc.

CONTRAT DE DONATION *CAUSA MORTIS* (1).

Il est fait savoir à tous ceux qui le présent acte de donation *causa mortis* verront que, l'an mil huit cent
de la naissance de Notre Seigneur Jésus-Christ, le
jour du mois de   , dans le Consulat de la Nation portugaise à   , a comparu N...
(*emploi et résidence*) (3)   , qui a dit que, possédant à titre légitime une propriété (*rustique ou urbaine*) sise à   , commune de   ,
à   (ou bien qu'il possède *tant* d'actions, ou tant d'inscriptions, ou le droit et action sur une créance à lui due par N...   , il est bien entendu que l'objet de la donation doit être bien spécifié); et que non-seulement

(1) Lorsqu'il n'y aura pas de conditions, on éliminera les mots qui les indiquent. S'il y en a, c'est ici qu'il faudra les placer. Les conditions peuvent être : le donataire se réservant, pendant sa vie, l'usufruit de la propriété ou de la chose donnée; — imposer au donataire l'obligation de faire une ou plusieurs pensions à quelque personne déterminée, et pour le temps ou les vies qu'il indiquera, etc.

(2) Cet acte exige, comme les testaments, cinq témoins, parce qu'il est *causa mortis* révocable comme le sont les testaments.

(3) La donation *causa mortis* est ordinairement aussi faite seulement par le donateur, et par conséquent unilatérale; et, quoique le donateur impose des conditions ou une obligation, le donataire pourra, lorsque la donation lui écherra, l'accepter, avec les conditions qui y sont attachées, ou la refuser, s'il la trouve trop onéreuse, car il en a le droit.

à cause des services que lui a rendus N...   ,
mais encore par l'amitié qu'il lui porte et le désir qu'il a de lui
faire du bien (1), il donne par cet acte et fait donation *causa
mortis*, à N...   , de la susdite propriété (*ou du
susdit objet*), pour qu'il puisse en prendre possession et en avoir
la jouissance aussitôt après la mort du donateur.

Il l'a ainsi dit et déclaré en présence des témoins N.   ,
N.   ,   N.   et N.   .

ACTE DE FIANÇAILLES (2).

Il est fait savoir à tous ceux qui le présent acte de fiançailles
verront que, l'an mil huit cent   de la naissance
de Notre Seigneur Jésus-Christ, le   jour du mois de
                    , dans la Chancellerie du Consulat portugais
à   , ont comparu, d'une part, N. (3)   ,
et d'autre part N. (4) ;

(1) Les motifs de la donation peuvent être ceux-ci, ou d'autres, ou
même il peut n'y en point avoir : quand on donne, c'est parce qu'on le
veut, et on peut le faire mû par sa seule volonté, sans aucun autre
motif.

(2) Les fiançailles sont une promesse libre et spontanée que deux contractants se font mutuellement de s'épouser. Le contrat peut être de sim-
ples fiançailles, et il peut aussi être destiné en même temps à régler et à
établir les conditions qui dans l'acte civil régleront le mariage. La présente formule n'indique que les fiançailles purement et simplement ; et, lorsqu'il y aura à réunir dans le même acte les conditions du mariage ou de
la dot, le titre devra être : *Contrat de fiançailles, de dot*, ou le meilleur
titre possible, et on aura recours à l'autre formule pour les conditions
qui y seront attachées.

(3-4) Il est essentiel de déclarer dans ces sortes de contrats de qui sont
fils les contractants, lors même que leur père et leur mère, ou seulement
l'un d'eux, seraient décédés ; quel est leur âge, le lieu de leur naissance, la
paroisse où ils ont été baptisés, leur domicile, s'ils sont parents ou non.
Il est indifférent que ces déclarations soient faites au commencement, immédiatement après les noms, au milieu ou à la fin de l'acte ; mais il faut

Lesquels ont dit qu'avec le consentement et l'approbation de leurs pères et de leurs mères (tuteurs ou curateurs), ici présents, ils promettent de leur volonté libre et spontanée, sans y être induits ou forcés par qui que ce soit, de s'épouser par-devant l'Eglise, et dans la forme ordonnée par le saint Concile de Trente, après avoir obtenu la légitime dispense d'après le degré de parenté qui existe entre eux (1), promesse qu'ils se font et acceptent réciproquement et s'engagent à réaliser dans l'espace de   , sous peine, à celui qui se repentirait, de payer à l'autre, à titre de dommages et intérêts, la somme de (2)   .
Il a alors été dit par leurs pères et leurs mères (tuteurs ou curateurs) qu'ils autorisent par leur consentement et leur approbation les présentes fiançailles, dans les termes et sous la peine ci-dessus stipulés. Et de ce contrat j'ai dressé le présent acte, dont ont été témoins,   etc., etc.

CONTRAT DE MARIAGE, DOT ET ARRHES.

Il est fait savoir à tous ceux qui le présent contrat de mariage, dot et arrhes verront, que, l'an mil huit cent
de la naissance de Notre Seigneur Jésus-Christ, le

absolument qu'elles le soient. On doit observer que, lorsqu'ils sont parents, il faut indiquer le genre et le degré de parenté qui existe entre eux; le père et la mère de chacun des contractants, et, à leur défaut, leurs tuteurs ou curateurs, doivent intervenir dans l'acte et le signer avec eux. (Loi du 6 octobre 1784, §§ 1 et 2.) Si les contractants sont majeurs de 25 ans, la nécessité de l'intervention de leur père et de leur mère, tuteurs ou curateurs, cesse de plein droit.

(1) Il est clair que, si les contractants n'étaient point parents, on supprimerait ces mots : *après avoir obtenu la légitime dispense.*

(2) Si les parties ne convenaient pas d'établir des dommages et intérêts en cas de rétractation, il faudrait supprimer la phrase qui en fait mention. Mais il faut remarquer que la pénalité donne plus de force à l'exécution du contrat et évite les procès, l'arbitrage judiciaire auquel les parties ont droit d'avoir recours pour demander des dommages et intérêts que l'autre lui devrait donner pour s'être refusé au mariage.

jour du mois de   , dans la Chancellerie du Consulat de la Nation portugaise à   , ont comparu, d'une part, N.   , célibataire (*ou veuf de*
N.   ), fils de   , né à
profession   , demeurant à   ,
et, d'autre part, N.   , non mariée (*ou veuve
de N.*   ), fille de   , née à
demeurant à (1)   ; lesquels ont dit que, char-
més des qualités qu'ils se trouvent mutuellement, ils sont convenus de s'unir par les liens indissolubles du mariage, et que,
lorsque le susdit mariage aura eu lieu, qu'ils auront été mariés
par-devant l'Eglise, dans la forme ordonnée par le sacré Concile
de Trente, et une fois le mariage consommé; ils veulent que leur
contrat, dans la partie civile, soit réglé par les conventions spéciales qu'ils ont arrêtées, et qu'ils consignent dans le présent acte,
aux conditions suivantes :

1° Il n'y aura pas entre les futurs conjoints communauté de
biens, qu'ils aient ou non des enfants de ce mariage;

2° La future épouse a pour dot les biens qu'elle possède actuellement, et qui consistent   ;

3° La future épouse a encore pour dot tous les biens qui, à
l'avenir, pourraient lui échoir par héritage, legs, donation, ou
par quelque autre acquêt que ce soit;

4° Tous les biens de la future épouse jouiront, pendant le mariage, de la nature et des priviléges inhérents aux biens dotaux,
pour qu'ils ne soient en aucun temps sujets aux dettes du futur
époux, soit qu'elles aient été contractées avant ou après le mariage ;

5° Le futur époux promet à elle sa future épouse, à titre
d'arrhes, le tiers de sa dot, dont le montant sera prélevé sur la
meilleure partie des biens du futur, et dont elle jouira dans le
cas où elle survivrait à son mari (2);

6° Ces conditions ne nuisent en rien au droit qu'a chacun des

---

(1-2) Les arrhes ne peuvent dépasser le tiers de la dot; et même, lorsque le futur qui les donne aura des héritiers légitimes (enfants ou père et
mère), il faut qu'elles soient proportionnées à son propre tiers. Dans ce
cas on pourra dire qu'au lieu d'arrhes, il dote sa future d'une somme
de   , pour que l'épouse en jouisse dans le cas seulement où elle
survivrait à son mari.

futurs époux de disposer de ses biens en cas de mort, dans les termes permis par les lois portugaises.

Et ils tiennent ainsi pour fait leur contrat, et veulent qu'il soit compris dans son sens le plus clair et le plus littéral. Et de ce qu'ils ont dit, arrêté et mutuellement accepté, j'ai dressé le présent acte, dont ont été témoins N.   et N.
          , qui signent avec les contractants, après lecture par moi faite.

Et j'ai, etc. (1), etc.

(1) Ces contrats admettent dans leurs clauses une grande variété, car les contractants peuvent stipuler toutes celles qui ne seraient pas contraires aux bonnes mœurs, ou il peut n'être point conféré de dot à la future épouse.

Ils peuvent donc, par exemple, stipuler :

Que leur mariage est fait simplement, sans qu'il y ait communauté de biens, chacun d'eux devant, à la mort de l'autre, reprendre ce qu'il a apporté ;

Que la non-communauté de biens n'aura lieu que dans le cas où à la mort de l'un des conjoints il n'existerait pas d'enfants de leur mariage : car, s'il y en a, la communauté des biens aura lieu, afin que le survivant en ait la moitié et que l'autre moitié soit divisée entre les enfants existants ou les petits-enfants qui les représenteront ;

Que, dans le cas où la future n'ait aucun bien ni espérance d'en avoir jamais, le futur la dote en une somme annuelle de
pour son entretien lorsqu'elle sera veuve, somme qu'elle touchera sa vie durant à la condition de ne pas convoler en secondes noces, ou dont elle jouira en tout état. (Il peut aussi, en place de cette pension alimentaire, la doter en une somme déterminée et une fois donnée.)

Enfin, il est impossible de déterminer toutes les espèces de ces contrats, car ils dépendent des conventions faites entre les parties. Ce qu'il faut, c'est établir les conditions avec clarté, et avoir en vue que, si les contractants sont mineurs au-dessous de 25 ans, leurs pères et leurs mères respectifs doivent intervenir au contrat, ou bien leurs tuteurs, pour les autoriser et approuver lesdits contrats.

PROCÈS-VERBAL D'INVENTAIRE DE BIENS APRÈS DÉCÈS.

L'an mil huit cent   de la naissance de
Notre Seigneur Jésus-Christ, le   jour du mois de
              , moi N.   , Consul (ou Vice-
Consul) de la Nation portugaise à   , ayant reçu
l'avis que N.   , sujet de Sa Majesté Très-Fidèle, était décédé *ab intestat*, en vertu de ma charge et en vue
du bien de ses héritiers, je me suis transporté au domicile qu'il
habitait, rue   , n°   , afin de procéder à
l'inventaire et mettre en sûreté sa succession ; là se trouvaient
N.   , N.   et N.   , et en
leur présence j'ai trouvé les biens suivants, dont voici l'inventaire :

1° Il faut indiquer les sommes en argent que l'on trouvera ;
2° Les objets d'or, d'argent, les bijoux, etc.;
3° Les traites ou les créances ;
4° Les meubles ;
5° Les marchandises et les livres de commerce.

N. B. — *Au Brésil, les esclaves sont inventoriés comme propriété.*

En foi de quoi j'ai dressé le présent procès-verbal, sur lequel
ont signé N.   , N.   et N.
Et moi, N.   , Consul (ou Vice-Consul) de la Nation
portugaise, je l'ai écrit et signé.

(*Locus signi.*)   (Signé :) N.
                                              Consul.

N.
N.   } *témoins.*
N.

PROCÈS-VERBAL D'INVENTAIRE DE BIENS APRÈS DÉCÈS
A LA DEMANDE DE LA VEUVE.

L'an mil huit cent   de la naissance, etc.,
dans la maison qu'a habitée le défunt N.   , sujet de
Sa Majesté Très-Fidèle, rue   , n°   , où moi
N.   , Consul (ou Vice-Consul) de la Nation portugaise à   , je me suis présenté à la demande de
N.   , pour procéder à l'inventaire des biens
qu'a laissés le susdit défunt; en présence de la veuve N.

, comme chef de la communauté, que je reconnais pour
être elle-même, je lui ai déféré le serment sur les Saints Evan-
giles, afin que sous le sceau du serment, sans fraude ni malice,
elle procédât à l'inventaire des biens laissés par feu son mari,
en déclarant quel a été le jour de son décès, s'il a fait un testament (*dans ce cas elle doit le présenter*); combien il a laissé d'enfants, leurs noms et leur âge; et en décrivant le numéraire,
les pièces en or, en argent, les bijoux, le linge, les biens meubles et effets dont elle présentera les titres qu'elle aura; les actions appartenant à la communauté; leur nature et l'état dans
lequel elles se trouvent; les dettes actives et passives, sans rien
cacher, sous peine d'être punie comme recéleuse; et, serment
ayant été prêté par elle, elle a promis de le remplir et de satisfaire à tout, sans fraude ni malice, et sous la foi de ce serment
elle a fait les déclarations suivantes :

(Suivent les déclarations.)

Et, après que tout a ainsi été déclaré par la susdite veuve, j'ai
dressé le présent procès-verbal et j'ai continué avec elle la description de biens telle qu'elle suit, et elle a signé avec moi.

En foi de quoi, etc.

(*Locus signi*).   N.   N.
                    Consul.   *Chef de la communauté.*

Enregistré à folio.

MANIFESTE DE CHARGEMENT.

Manifeste du chargement conduit de ce port de   à celui de   par le navire portugais nommé   , du port de   tonneaux, commandé par le capitaine N. et dont est propriétaire N.

NUMÉROS des connaissements.	Noms des chargeurs.	Noms des consignataires.	MARQUES.	NUMÉROS.	QUANTITÉ et qualité des colis (en toutes lettres).	POIDS brut des colis (en toutes lettres).	DÉSIGNATION DES MARCHANDISES (en toutes lettres).	VALEUR des marchandises.	ORIGINE des marchandises.
1	N.	N.	T.	1 à 10	Dix caisses.	»			
2	N.	N.	R. A.	24	Une barrique	»	»	»	»
3	N.	N.	P. N. A.			»			
»	»	»	»	305 et 306	Deux ballots	»			

Suit la légalisation.

N.   , consul de la nation portugaise à la vraie de N.   , capitaine du navire portugais nommé manifeste du chargement qu'il conduit au port de   .
Le   18 .

(Locus signi.)

(Signature du capitaine.)

   , certifie que la signature ci-dessus est la propre et , qui a déclaré que le présent est le véritable Consulat de la Nation portugaise,
(Signé)   N....
    Consul.

N. B. La réexportation de marchandises n'est permise que lorsque les manifestes contiendront les noms des chargeurs et des consignataires.

CERTIFICAT QUI DOIT ACCOMPAGNER LE MANIFESTE DE CHARGEMENT.

N.   , Consul de la Nation portugaise à

certifie que les documents qui accompagnent le chargement du navire portugais nommé   , capitaine (ou maître) N.   , faisant route de ce port pour le port de
  , et qui sont cousus au présent certificat, numérotés, paraphés et scellés du sceau de ce Consulat, conformément aux ordres royaux, sont les suivants :

1° Manifeste du chargement, consistant en   colis de différentes marchandises, dont (*en désigner le nombre*) sont d'origine étrangère à ce pays;

2° *Tant* de connaissements numérotés depuis 1 jusqu'à ;

3° Manifeste du chargement qu'il transporte à   , et qui se compose de   colis de différentes denrées ;

4° Déclaration de tonneaux de lest, de pierre, de sable ou de gravier.

Et, après que j'ai eu donné connaissance au susdit capitaine ou maître, avant de dépêcher son navire, des articles 73 et 93 du Règlement Consulaire, qu'il a déclaré avoir bien entendus, et qu'il a eu accompli toutes les formalités auxquelles il est sujet en vertu des ordres royaux, *et juré de n'avoir à bord aucunes autres espèces de denrées ou marchandises* que celles qui sont déclarées dans les documents susmentionnés, et les vivres et objets de réserve nécessaires pour faire son voyage, il a signé avec moi le présent certificat, que je lui ai délivré pour faire

foi, et afin que le tout soit présenté à la douane de
Scellé du sceau de ce Consulat, le   18

(*Locus signi.*)   (Signé :) N.
                                                     Consul.

(Signature du capitaine ou maître.)

Enregistré à folio   du livre compétent.

CERTIFICAT APPOSÉ AU MANIFESTE DU CHARGEMENT D'UN NAVIRE ÉTRANGER.

N.   , Consul de la Nation portugaise à

certifie que le présent manifeste est le propre et le vrai avec lequel a été dépêché en cette douane le navire   , capitaine N.   . Et, pour lui servir où besoin sera,
je lui ai délivré le présent certificat par moi signé, et scellé du
sceau de ce Consulat.

Le   18   .

(*Locus signi.*)   (Signé :) N.
                                                     Consul.

DÉCLARATION D'UN NAVIRE SUR LEST.

N.   , Consul de la Nation portugaise à

certifie que la déclaration qui m'a été faite par le capitaine **N.**
              , du navire nommé   , faisant route
de ce port pour   , constate que le susdit navire
conduit audit port   tonneaux de lest de pierre, de
sable ou de gravier.

Et ledit capitaine, ayant rempli toutes les formalités déterminées par les ordres royaux, et juré n'avoir à son bord aucune espèce de denrées, outre ce qu'il a indiqué, a signé avec moi la
présente déclaration, qu'il devra présenter à la douane de sa
destination, sous peine d'y payer l'amende imposée par le décret
du 10 juillet 1834, et les émoluments appartenant à ce Consulat, conformément à l'article 88 du Règlement Consulaire.

En foi de quoi je lui ai délivré le présent, par moi signé et
scellé du sceau de ce Consulat.

Le   18   .

  (*Locus signi.*)   (Signé :) N.

               Consul.

  (Signature du capitaine.)

Enregistré à folio   du livre compétent.

N. B. — Cette déclaration, ainsi qu'un des manifestes du
chargement, sera remise, sous pli cacheté, au Directeur de la
douane du port de destination.

CONSULAT DE LA NATION PORTUGAISE A

MATRICULE ET RÔLE DE L'ÉQUIPAGE *du Navire*   , *dont est maître (ou capitaine)* N.   , *et propriétaire*

N.   , *faisant route pour*   , *munis d'un passe-port enregistré à* f°   *du Livre compétent.*

Numéros d'ordre.	EMPLOIS.	NOMS.	AGE.	POSITION.	LIEU DE NAISSANCE.	TAILLE.	COULEUR DES Cheveux.	Yeux.	SOLDE convenue.	SOMMES payées.	NOURRITURE ET RATIONS que chaque homme doit recevoir par semaine en temps ordinaire.
1	Maître ou capitaine.										
2	1er pilote.										
3	2e pilote.										
4	Contre-maître.										
5	Charpentier.										
6	Cuisinier.										
7	Matelot.										
8	dito.										
9	dito.										
10	dito.										
11	dito.										
12	Mousses.										
»	»										
»	»										

(Signé :)   N.

Capitaine ou maître.

Dans cette Chancellerie du Consulat de la Nation Portugaise à   , a été immatriculé et enregistré l'Équipage du Navire portugais nommé   , dont est maître (ou capitaine) N.   , dont la signature ci-dessus est reconnue par moi pour véritable, et qui m'a déclaré que c'était la propre et vraie Matricule dudit Navire.   En foi de quoi, et pour lui servir où besoin sera, je lui ai délivré le présent, par moi signé et scellé du sceau de ce Consulat, le   18

(*Locus signi.*)   (Signé :)   N.

Consul.

1. Chaque homme de l'équipage doit se rendre à bord avec ses effets à l'époque fixée par le capitaine.

2. Il ne doit pas passer la nuit hors du navire, soit dans le royaume, soit à l'étranger, sans la permission du capitaine.

3. Il doit conserver ses effets à bord, jusqu'à ce qu'ils aient été visités par le capitaine ou par son second.

4. Il doit obéir sans contradiction au capitaine ou aux autres officiers, selon leurs différents grades, et s'abstenir de toute rixe et d'ivrognerie.

5. Il doit se conserver à bord et ne pas en déserter, sous peine de perdre son salaire échu.

6. Il doit se comporter avec régularité.

7. Il doit se conformer à tout ce qui est déterminé dans le Code de commerce.

8. Le second du navire doit faire la déclaration expresse qu'il a ou non navigué antérieurement comme officier pour le lieu de destination (a).

9. Il doit veiller à ce que les marchandises soient convenablement arrimées, engageant sa responsabilité pour les pertes et dommages.

10. Il doit rester jour et nuit à bord, lorsque le navire sera chargé, et avoir soin de fermer les écoutilles, surtout la nuit.

CONVENTIONS PATICULIÈRES.

(a) DÉCLARATION DU SECOND.

OBSERVATIONS GÉNÉRALES.

Le capitaine pourra renvoyer et mettre à terre avant le départ, sans être tenu de lui payer ses gages, tout individu de l'équipage qui s'engagerait pour un service qu'il n'est pas capable de faire, et donner à cet individu la qualité et les gages qu'il jugera à propos, si l'incapacité n'est découverte qu'après le départ du navire.

Dont copie est mise ici en vertu de l'article 3, Titre VIII, du Code de Commerce portugais.

1449. Tous les officiers et les hommes de l'équipage sont tenus d'aider le capitaine en cas d'attaque du navire ou de désastre survenu au bâtiment ou au chargement, quelle que soit la nature du sinistre.

1468. Tout homme de l'équipage qui tombera malade pendant la traversée, ou qui sera blessé ou mutilé soit en combattant l'ennemi ou des pirates, soit dans le service du navire, sera payé de ses appointements, soigné et guéri; et, en cas de mutilation, indemnisé, par arbitrage d'un juge, s'il y avait contestation.

1487. Il n'est pas permis au capitaine d'avancer, pendant le voyage, aux hommes de son équipage, plus d'un quart de leurs appointements.

1488. Lorsque, hors du royaume, un homme sera renvoyé pour des causes légitimes, le capitaine est tenu de donner à chaque homme renvoyé une traite sur la caisse ou sur les propriétaires du navire, du montant des sommes qui leur seront dues.

1489. Les officiers ou les hommes de l'équipage ne peuvent pas intenter d'action contre le capitaine ou le navire avant la fin du voyage, sous peine de perdre leurs appointements respectifs en entier. Cependant, le navire se trouvant en bon port, les officiers ou les hommes de l'équipage qui auraient subi de mauvais traitements, ou auxquels le capitaine n'aurait pas donné une nourriture suffisante, peuvent demander la résolution de leur contrat par-devant le Consul, ou, à son défaut, par-devant le magistrat de la localité.

1491. Les hommes de l'équipage, une fois terminé le voyage pour lequel ils auront été engagés, seront tenus (si le capitaine ou les propriétaires du navire l'exigent) de décharger le navire, de l'ancrer, de le dégréer, de le conduire dans un mouillage sûr et de l'y amarrer; de faire leur rapport de mer, et de le confirmer sous serment, soit seuls, soit conjointement avec le capitaine, dans les trois jours qui suivront le déchargement.

1492. Après avoir rempli toutes les charges prescrites dans l'article précédent, les officiers et les hommes de l'équipage seront renvoyés et payés de leurs appointements dans les vingt-quatre heures.

VISA APPOSÉ A LA MATRICULE DE NAVIRES ÉTRANGERS.

N.   , Consul de la Nation portugaise à

certifie que la présente matricule, signée par N.   ,
est la propre et la vraie avec laquelle est dépêché le navire
          , capitaine N.

Consulat à   , le   18   .

                         (Signé :) N.

                                   Consul.

(*L. S.*)

PASSE-PORT PROVISOIRE DE NAVIRE.

N.   , Consul de la Nation portugaise à

fais savoir à ceux qui ce passe-port provisoire verront que le su-

jet portugais N.   a acheté pour son propre compte
à N.   , négociant de la place de   ,
le navire   , auquel il a donné le nom de   ,
et qui est commandé par le maître N.   , qui a
l'intention de naviguer du port de   à celui
de   ; ce qui a été porté à notre connaissance par
le propriétaire (ou maître) par les document suivants, ci annexés, savoir : 1º contrat d'achat fait au Consulat Général de
      (*ou en tel autre endroit*); 2º la description
et mesure dudit navire, contenant deux ponts, deux mâts, longueur de poupe en proue de   , largeur dans la partie la
plus large de   , hauteur entre les deux mâts de   ,
jaugeage de   tonneaux, à poupe carrée et une figure à
l'avant; 3º le serment qu'il en est l'unique propriétaire; 4º la
caution suffisante du payement des droits dus; 5º matricule et
état du règlement de compte des appointements des officiers et
matelots; 6º le certificat du Consul Général N.   , la susdite
vente se trouvant en règle et les différents documents étant con-
tre-signés par nous. En foi de quoi, et pour constater que le propriétaire, le maître et l'équipage sont Portugais, et que ledit
navire est propriété portugaise, aucune personne étrangère n'y
ayant part, et pour constater que l'acquéreur et propriétaire dudit navire a connaissance de la loi du 14 juillet 1848, ainsi que des
conditions que Sa Majesté Très-Fidèle fait rigoureusement observer dans tous les ports; pour la plus grande facilité des navires
qui navigueront en Europe, le présent passe-port provisoire a
été délivré. Et, attendu que ledit navire peut dans son voyage
être rencontré en mer ou dans différents ports par les commandants et officiers de bâtiments de guerre de ce royaume, Sa Majesté Très-Fidèle ordonne qu'il ne lui soit mis aucun empêchement, et recommande aux commandants des flottes, des esca-
dres et autres bâtiments des Rois, Princes, Républiques, Poten-
tats, amis et alliés de la Nation portugaise, de ne l'empêcher en
aucune manière de suivre sa route, et bien au contraire de lui
accorder l'aide et la protection dont il pourrait avoir besoin, attendu que la même protection sera accordée à ceux qui sont re-
commandés par leurs Princes.

Nous lui avons délivré le présent passe-port, avec les déclarations, et l'avons signé et scellé du sceau de ce Consulat, le

jour du mois de   de l'an mil huit cent

(*L. S.*).   (Signé :) N.

                      Consul.

Enregistré à folio   du livre compétent.

VISA APPOSÉ AU PASSE-PORT ROYAL.

Vu : bon pour continuer son voyage pour
(avec telle ou telle escale).

Consulat de la Nation portugaise, le   18

(*L. S.*).   (Signé :) N.

                      Consul.

PASSE-PORT POUR SUJET PORTUGAIS.

N.　　　　　, Consul de la Nation portugaise à

N°

SIGNALEMENT.

—

Age
Taille
Cheveux
Yeux
Visage
Nez
Bouche
Menton

Signes particuliers.

—

(Signature du porteur.)

(L. S.).

Enregistré à folio

Fais savoir à ceux qui le présent passe-port verront que N.　　　　, sujet portugais, de profession　　　　, ayant le signalement et la signature indiqués à la marge, fait route de cette ville ou village de　　　　pour　　　　; et prions toutes les autorités civiles ou militaires auxquelles ce passe-port sera présenté de ne lui mettre aucun empêchement, et de lui donner, au contraire, l'aide et la protection dont il pourra avoir besoin pour continuer son voyage.

Consulat de la Nation portugaise à　　　　
le　　　　18　　.

(Signé :) N.

Consul.

VISA APPOSÉ AUX PASSE-PORTS DES VOYAGEURS.

Vu : bon pour
Consulat de la Nation portugaise à
le   18

                              (Signé :) N.

  (L. S.)   *Consul.*

CERTIFICAT A L'EFFET D'OBTENIR LE PASSE-PORT PROVISOIRE DE NAVIRE ÉTRANGER ACHETÉ PAR UN SUJET PORTUGAIS.

N.   , Consul de la Nation portugaise à

certifie que par-devant moi a comparu N.   ,
négociant et sujet de Sa Majesté Très-Fidèle, demeurant à
               , lequel m'a présenté le contrat d'achat du navire
               , que j'ai dressé dans la Chancellerie de ce Con-
sulat, comme il appert du Livre à fo   (*ou par adjudication
aux enchères publiques, ainsi que le prouve le procès-verbal compétent*),
et désirant faire naviguer ledit navire pour   , il
demande l'enregistrement de la matricule de l'équipage avec
l'engagement des officiers et matelots, la caution au payement
des droits respectifs, le jaugeage et la description du susdit
navire.

Et, les documents susmentionnés et ci-annexés se trouvant exacts et en bon ordre, j'ai dressé la présente légalisation, afin qu'il puisse en conséquence obtenir le passe-port provisoire pour sondit navire qu'il a l'intention de faire partir pour
En foi de quoi je lui ai délivré le présent certificat.

(Signé :) N.

Consul.

Enregistré à folio   du Livre compétent.

CERTIFICAT A L'EFFET D'OBTENIR LE LAISSER-PASSER DE LA DOUANE.

N.   , Consul de la Nation portugaise à

certifie que le navire portugais   , capitaine
N.   , de   tonneaux, mouillé dans ce port, est prêt à mettre à la voile pour   , portant   d'hommes d'équipage.
Et, pour servir où besoin sera, j'ai délivré le présent certificat, par moi signé et scellé du sceau de ce Consulat, le
18   .

(Signé :) N.

(L. S.).   *Consul.*

MODÈLE DE PROCURATION GÉNÉRALE.

Il est fait savoir à tous ceux qui le présent acte de Procuration générale verront que l'an mil huit cent   de la Naissance de Notre Seigneur Jésus-Christ, le   jour du mois de   , dans la Chancellerie du Consulat de la Nation portugaise à   a comparu N.
(*emploi et domicile*)
Et il a dit qu'il constitue son procureur général dans tout le royaume (*ou province*) de   N.
demeurant à   (1), et qu'il lui confère les pleins pouvoirs nécessaires, afin qu'il puisse au nom de lui octroyant administrer tous ses biens, gérer toutes ses affaires, régler et liquider tous ses comptes actifs et passifs, recevoir tous soldes, fonds, traites, intérêts, dividendes, créances, revenus, marchandises, denrées, effets, chargements, héritages, legs et tout ce qui sera à lui et lui appartiendra, en quelque endroit, en quelque temps et à quelque titre que ce soit, tant de particuliers, de maisons de banque et de compagnies commerciales, douanes, trésors, juntes, coffres, dépôts, trésoreries et autres administrations publiques, qu'enfin de quiconque il aura droit d'exiger la remise de quelque chose que ce soit; signer tous reçus et quittances de ce qu'il recevra; acheter et vendre tous biens (2) à l'enchère ou par conventions à l'amiable, transactions, amiables compositions, cessions, désistements, empyhtéoses, échanges, hypothèques, louages, assurances, affrétements, et faire tous contrats qu'il jugera convenable; accepter, endosser ou faire des traites, et tous autres titres ou papiers de crédit public;

(1) On peut donner procuration à plusieurs personnes, solidairement ou collectivement, ou aux uns en l'absence des autres. Lorsque la procuration sera d'une de ces manières, il faut l'indiquer le plus clairement possible.

(2) La procuration peut être générale, mais non pas avec des pouvoirs aussi amples, aussi dangereux pour celui qui la donne. Lorsqu'on ne veut pas permettre d'aliéner des biens, ou tous autres objets qui y sont mentionnés, on y remédiera facilement en supprimant les mots qui l'indiquent, parce que cela ne change rien aux autres pouvoirs.

faire enfin tous enregistrements, manifestes et rescisions ; assister à des inventaires, partages, expertises, conseils de famille et assemblées de compagnies ou de créanciers ; défendre en tous ces actes ses intérêts ; nommer des experts ou des arbitres dans le cas où ils seraient nécessaires ; faire aussi toutes déclarations et ratifications judiciaires ou extrajudiciaires, et prendre des conclusions par-devant les juges de paix ; transiger dans les conciliations, comme il le jugera à propos ; signer tous actes publics et privés, procès-verbaux, contrats et tout ce qui sera nécessaire pour les susdites fins. Il pourra (*ou ils pourront*) en outre demander, alléguer et défendre son droit et sa justice dans toutes causes et affaires en litige de quelque nature qu'elles soient, existantes ou qui viendraient à exister, par-devant tous magistrats et tribunaux judiciaires et administratifs ; instituer des actions, abandonner les unes pour en intenter d'autres ; faire toutes citations, justifications, habilitations, protêts et contre-protêts, embargos, séquestres, exécutions, saisies et adjudications ; faire arrêt sur les biens des débiteurs aux fins de payement ; prendre toutes possessions, s'opposer aux embargos d'un tiers, faire tout serment licite de calomnie décisoire et supplétoire, l'exiger de ceux qu'il jugera convenable ; faire toutes oppositions ou déclarations de suspicions ; appeler de tous jugements, s'y opposer, et poursuivre enfin toutes instances, inclusivement, par-devant le tribunal suprême de justice ou le Conseil d'Etat ; subroger ces pouvoirs en leur entier ou avec des restrictions appliquées à des cas particuliers ; autoriser les subrogés à pouvoir eux-mêmes les déléguer à d'autres ; révoquer les uns et les autres, et user de ces pouvoirs librement et généralement ; car il promet de tout avouer et reconnaître comme valable, se réservant à lui seul la nouvelle citation (1).

Il l'a ainsi octroyé en présence des témoins, etc., etc., etc.

(1) Il est facile de faire d'après cette procuration générale toutes les procurations spéciales, surtout celles dans lesquelles on ne voudrait mentionner que les pouvoirs relatifs aux affaires du dehors : car, ceux-ci devant commencer là où il est dit : — Il pourra, en outre, — tout ce qui suit n'a rapport qu'aux affaires judiciaires.

Lorsque la procuration sera destinée à un contrat, sa spécialité ne peut être l'objet d'une formule, car elle dépend de la connaissance des bases et des nécessités de ce contrat.

MODÈLE DE SUBROGATION DE POUVOIRS.

Il est fait savoir à ceux qui cet acte de subrogation de pouvoirs verront que l'an mil huit cent   , le   jour du mois de   de la Naissance de Notre Seigneur Jésus-Christ, dans cette ville de   , dans la Chancellerie de la Nation portugaise, a comparu N.
(*emploi et domicile*)   , qui a dit être fondé de pouvoirs de N.   , constitué en cette qualité par la procuration générale qu'il présente (1), et dans laquelle est fait (*ou commencé*) le présent acte, et que, usant de la faculté qui lui est concédée, il subroge ces mêmes pouvoirs, sans restriction (2), c'est-à-dire tels et de la même manière qu'ils lui sont conférés, en la personne de N.   , demeurant à   , etc.

Il l'a dit ainsi en présence des témoins, etc., etc.

MODÈLE DE QUITTANCE (3).

Il est fait savoir à ceux qui cet acte de quittance verront que l'an mil huit cent   de la Naissance de Notre Seigneur Jésus-Christ, le   jour du mois de

(1) On peut faire une subrogation, sans avoir à présenter la procuration qu'on subroge ; mais il faut dans ce cas que le subrogeant déclare où elle se trouve, la date du jour où elle a été faite, quel notaire l'a dressée, et toutes les autres circonstances qui assurent qu'elle existe.

(2) La subrogation peut être faite avec restriction de pouvoirs, pour cela il faut dire : *que des pouvoirs qui lui sont conférés il ne subroge en la personne de N.   que ceux qui sont nécessaires pour qu'il puisse* , en spécifiant particulièrement le but ou l'objet déterminé.

(3) Cette quittance, qui est simple, peut s'appliquer à un objet déterminé, par exemple, à un retour dans une succession, à une dette ou à un à-compte, à une vente, à une pension, et même à des meubles ou des documents, etc., etc.

dans ce Consulat de la Nation portugaise à   , ont
comparu d'une part N.   (*emploi et domicile*), et
d'autre part N.   (*idem*) (1)   . Le premier a
dit avoir reçu du second la somme de   qu'il était
resté lui devoir après partage fait entre tous les héritiers de la
maison de feu son père N.   , et devant moi et les
témoins ci-dessous déclarés il a avoué cette réception, et en
conséquence il a dit encore   qu'il donnait par cet
acte quittance pleine et entière à N.   de la susdite
somme reçue, afin qu'elle ne puisse plus en aucun temps lui être
réclamée, sous peine de la loi, et cette quittance est acceptée
par N.

Et de ce qu'ils ont dit, demandé et accepté, j'ai dressé le présent acte, auquel ont assisté les témoins, etc., etc.

MODÈLE DE RÈGLEMENT DE COMPTES ET QUITTANCE.

Il est fait savoir à tous ceux qui le présent acte de règlement
de comptes et de quittance verront que l'an mil huit cent
                  de la Naissance de Notre Seigneur Jésus-Christ,
le   jour du mois de   , dans la Chancellerie
du Consulat de la Nation portugaise à   , ont comparu
d'une part N.   (*emploi et domicile*), et d'autre part
N.   (*emploi et domicile*)   . Et ils ont dit
que, ayant eu entre eux différentes transactions commerciales
(*ou civiles*) (2), ils avaient dernièrement réglé leurs comptes
d'après les documents et les écritures que tous deux avaient
examinés, conférés et trouvés exacts, et que, ces documents et
ces écritures ayant constaté un solde en faveur de N.   ,
il en a été remboursé, ce qu'il confesse et dont je fais foi. Ainsi,
par cet acte, non-seulement ils déclarent et stipulent que leurs

(1) Cette quittance est un des contrats qui peuvent être unilatéraux,
celui qui reçoit et en donne quittance pouvant seul comparaître.

(2) Pour que ce ne soit pas une chose vague, il sera utile de déclarer la
nature des transactions, c'est-à-dire ce qui en est l'objet et l'époque où
elles ont commencé.

comptes demeurent réglés et soldés, sans qu'ils aient rien à exiger l'un de l'autre, mais encore ils s'en donnent pleine et entière quittance pour leur tranquillité réciproque et celle de leurs héritiers et successeurs respectifs.

Et de ce qu'ils ont dit, demandé et fait, j'ai dressé le présent acte en présence des témoins, etc., etc.

QUITTANCE DE SOMMES PROVENANT D'INVENTAIRE.

N.   , Consul de la Nation portugaise à   .

Dans cette Chancellerie du Consulat de la Nation portugaise à   , N.   a remis   (*spécifier les objets*), lesquels il déclaré avoir appartenu au défunt N.   , et dont j'ai dressé inventaire, et lui ai délivré la présente quittance pour sa sauvegarde; je l'ai signée et scellée du sceau de ce Consulat, le   18   .

                                        (Signé :) N.
(*L. S.*)   *Consul.*

CONTRAT DE CESSION AVEC PROCURATION EN PROPRE CAUSE.

Il est fait savoir à tous ceux qui le présent acte de cession avec procuration en propre cause verront que l'an mil huit cent   de la Naissance de Notre Seigneur Jésus-Christ, le   jour du mois de   , dans la Chancellerie du Consulat de la Nation portugaise à   , ont comparu d'une part N.   (*emploi et domicile*)   , e

d'autre part N. (1)   (*idem.*)   . Et
le premier comparant, N.   , a dit être créancier
de N.   , demeurant à   , de la somme
de   , par une traite (*on doit, lorsque ce sera possible, vérifier, en les indiquant, la date, l'échéance, les noms du tireur, de
l'acceptant et de l'endosseur. S'il y a plusieurs traites, ou des obligations chirographaires, ou des contrats, ou des exécutions en litige, on
devra faire les vérifications respectives et analogues, pour bien prouver
l'identité de la chose ou des choses cédées*), et être convenu de céder,
comme en effet par cet acte il cède et transporte, à N.

tous droit et action qu'il a sur le recouvrement de la
susdite créance par le (ou les) titre susmentionné, laquelle cession est faite avec procuration en propre cause, le mettant à sa
place et l'investissant de tous ses droits, afin que le cessionnaire
puisse tout recouvrer en son nom et en disposer comme de chose
entièrement à lui, vu que le cédant a reçu dudit cessionnaire,
de la manière entre eux convenue, une somme équivalente à
celle qu'il cède, et dont il donne quittance au cessionnaire, qui
a dit accepter ladite cession et ladite quittance. Il est convenu
entre eux que le bon ou mauvais recouvrement de la créance
cédée restera à la charge de   (2).

Et de ce qu'ils ont dit, stipulé et accepté, j'ai dressé le présent
contrat en présence des témoins, etc., etc.

---

(1) Quoique ce contrat soit onéreux et bilatéral, il peut aussi être uni-
latéral, le cédant ayant seul à comparaître, lorsqu'il aura déjà en sa possession le prix ou la compensation de la cession. Lorsque, cependant, il
aura à recevoir quelque chose qui devra lui être remis au moment de la
signature de l'acte, les deux parties ne peuvent se dispenser d'intervenir.

(2) Il est utile de dire à la charge de qui ce sera : le silence engage le
cédant, qui est sujet à fournir l'éviction de droit, lorsqu'il n'y a pas de
convention écrite. Cependant la règle générale est le contraire, c'est pour
cela qu'on stipule presque toujours que ce sera à la charge du cessionnaire.

RECONNAISSANCE DE SIGNATURE.

N,   , Consul de la Nation portugaise à   ,

certifie que la signature ci-dessus (*ou retro*) est la propre et véritable de N.   , (*emploi ou profession*)   .

Consulat de Portugal à   , le   18   .

(Signé :) N,

(L. S.)   *Consul.*

ROLE D'ÉQUIPAGE.

Consulat de la Nation Portugaise à

Rôle de l'équipage du navire portugais nommé ,
capitaine (ou maître) , *faisant route*
pour

Numéros d'ordre.	EMPLOIS.	NATION.	NOMS.

Je certifie que le présent rôle est la copie véritable du rôle de
l'équipage du navire ,

Consulat de la Nation portugaise à

le   18

(Signé :) **N.**

(*Locus signi*).   *Consul.*

PROCÈS-VERBAL D'ADJUDICATION.

Le   jour du mois de   de 18   ,
moi, N.   , Consul de la Nation portugaise à
, après avoir fait apposer des affiches à la porte
de la maison consulaire et dans les endroits publics de cette
ville, et fait faire les annonces convenables dans les journaux
(*en indiquer les noms*) pour que, aujourd'hui, à   heures du
, eût lieu la vente et l'adjudication aux enchères des biens
inventoriés et conservés dans le Consulat à ma charge, appartenant à feu N.   ; et en présence du crieur public
N.   , nommé par moi, et d'un nombre suffisant
d'enchérisseurs, après lecture faite des conditions (*payement au
comptant*), et tous les biens inventoriés ayant été partagés en
lots pour plus grande utilité de la succession, ont été adjugés
les objets suivants avec les formalités d'usage.

Ont été adjugées à N.   les denrées
(*ou les meubles*) pour la sommme de.   .   . Reis.   §
Ont été adjugés à N.   , etc.   »   §
                                                         ─────
                                                          §

En foi de quoi j'ai dressé le présent procès-verbal, qui est
signé par le crieur public et par les adjudicataires. Et moi, N.
, Consul de la Nation portugaise à   , je l'ai écrit
et signé.

(Signé :) N.

Consul.

(Signé :) N.
Gardien.

N.
N.   } *Adjudicataires.*
N.

ACTE D'AMIABLE COMPOSITION.

Le   jour du mois de   de l'an
mil huit cent   de la Naissance de Notre
Seigneur Jésus-Christ, ont comparu dans la Chancellerie du
Consulat de la Nation portugaise à   , N.
et N.   (*emplois et domiciles*), dont je reconnais
l'identité; et ils m'ont dit, en présence des témoins N.
et N.   (*emplois et domiciles*) soussignés, que,
voulant mettre un terme au litige ou différend qui existe à
          entre eux, par la décision d'arbitres (*ou par composition
du Consul*), ils sont d'accord de ne point continuer le procès ou
litige, et qu'ils se soumettent en tout aux conditions du contrat
passé aujourd'hui, dont la teneur est la suivante (*conditions*):
lesquelles font partie essentielle de cet acte, contre lequel chacun promet de ne réclamer en aucun temps, se soumettant aux
conditions qui y sont stipulées, et à l'accomplissement desquelles ils engagent leurs biens et leurs personnes; et la continuation du procès demeure par ce fait supendue. Le présent
acte est par moi signé et scellé du sceau de ce Consulat.

(L. S.)

                         (Signé :) N.
                              Consul.

N.
N.   } *Parties.*
N.
N.   } *Témoins.*

PROCÈS-VERBAL DE DÉPOT.

Il est fait savoir à tous ceux qui le présent procès-verbal de dépôt verront que, l'an mil huit cent
de la Naissance de Notre Seigneur Jésus-Christ, le
jour du mois de   , m'étant transporté moi, N.
, Consul de la Nation portugaise à   ,
au lieu de   , où a fait naufrage le navire nommé
, capitaine N.   , du port de
tonneaux, dans son voyage de   à   ,
ainsi qu'il appert du protêt daté de   , du chargement duquel on a pu sauver les denrées mentionnées dans l'inventaire ci-joint, ainsi que partie du gréement, je les ai inventoriés et déposés en lieu sûr pour le compte de qui de droit, et
j'en ai donné avis à N.   (*emploi et résidence*), afin
qu'il eût à en prendre compte, comme fidèle dépositaire; et il
les a reçus d'après ledit inventaire, s'obligeant de sa personne
et de ses biens échus ou à écheoir à répondre, en tous temps
qu'ils lui soient demandés, pour tous lesdits objets (*ou pour une
partie*), ce dont ont été témoins N.   et N.

(Signé :) N.

Consul.

(*L. S.*)

N.   , *Dépositaire.*
N.
N.   } *Témoins.*

PROCÈS-VERBAL DE CAUTION SUFFISANTE AU PAYEMENT DES DROITS D'ACHAT D'UN NAVIRE.

Le   jour du mois de   de l'an mil
huit cent   , dans cette Chancellerie du Consulat de la Nation portugaise a comparu N.   *(emploi
et domicile)*, dont je reconnais l'identité, et qui m'a dit que de
sa propre volonté et sans contrainte il s'engage à payer à
        les droits exigés pour le navire nommé
acheté pour son propre compte, ainsi qu'il appert du contrat
qu'il m'a présenté. Et sous serment prêté sur les Saints Evan-
giles, il m'a déclaré que la propriété du navire est uniquement
à lui, qu'aucune personne étrangère n'y a aucun intérêt, et
qu'il désire le faire naviguer sous pavillon et avec équipage portugais. Et était présent N.   , négociant
reconnu et établi de cette place, qui m'a dit garantir et caution-
ner la signature dudit propriétaire N.   , pour
le payement des droits susmentionnés. En foi de quoi j'ai dressé
le présent procès-verbal, qu'ils ont signé.

(Signé :) N.

Consul.

N.

Propriétaire.

N.

Caution.

PROCÈS-VERBAL DE RESPONSABILITÉ.

Le   jour du mois de   de l'an mil huit
cent   ; dans cette Chancellerie du Consu-

lat de la Nation portugaise à   , a comparu
N.   , maître du navire nommé   ,
prêt de faire route pour   , qui m'a dit et déclaré
en présence des témoins N.   et N.   ,
soussignés, que ledit navire se dirige vers le port de   ,
sans que d'aucune manière il ait l'intention de l'employer à faire
la traite des nègres, qui a été complétement abolie par décret du
10 décembre 1836, se soumettant, en cas de contravention,
aux peines déterminées par l'article 18 du décret susmentionné,
et imposées à tous ceux qui feront la traite des nègres ou qui les
transporteront à leur bord sous quelque prétexte ou motif que
ce soit, outre ce qui est prescrit par l'article 3 du même décret;
il s'engage également à avoir à bord le décret précité, afin de
pouvoir mieux se régler dans l'exécution des articles qui lui sont
relatifs.

    Et moi N.   , j'ai dressé et signé le présent acte.

     (*L. S.*)   (Signé :) N.

                                    Consul.

N.   , *Maître.*

N.
               } *Témoins.*
N.

PROCÈS-VERBAL DE CAUTION.

    Le   jour du mois de   de l'an
mil huit cent   , dans cette Chancellerie du
Consulat de Portugal à   , a comparu N.   ,
maître du navire nommé   , qui a déclaré que,
ayant déjà signé dans ce Consulat le procès-verbal de responsabilité, par lequel il est tenu de ne recevoir à bord dudit navire,
dans le présent voyage qu'il va faire au port de   ,
aucun esclave, outre ceux que lui permet l'article 3 du décret du

10 décembre 1836, il vient maintenant confirmer ce procès-verbal en offrant comme caution N.   , négociant, demeurant rue de   , n°   . Et ledit N. a déclaré répondre pour toutes les fautes que pourrait commettre le susdit maître, dans le cas où il enfreindrait d'une manière quelconque le décret précité, en mettant à bord de son navire, dans ce port, des objets pouvant donner quelques-uns des indices marqués au tableau annexé au susdit décret; il s'engage également à répondre pour toute infraction, tant après son départ qu'à son arrivée au port de   , que pourrait commettre ledit N.   , dans ce qui a rapport au chargement d'esclaves à bord du susdit navire, se soumettant, en cas de contravention, aux peines portées par l'article 13 du décret susmentionné, et imposées à tous ceux qui feront la traite des nègres, ou qui les transporteront à bord. Et, lecture lui ayant été faite du présent acte, il s'est soumis à son contenu; en foi de quoi il a signé conjointement avec ledit maître et les témoins présents N.   et N.   . Et moi N.   , je l'ai dressé et signé.

(Signé :) N.

Consul.

(L. S.)

N.   , *Maître.*

N.   , *Caution.*

N.

N.   } *Témoins.*

PROCÈS-VERBAL DE VISITE A BORD.

L'an mil huit cent   de la Naissance de Notre-Seigneur Jésus-Christ, le   jour du mois de   , à bord du navire nommé   , dont est propriétaire N.   et capitaine N.

venant du port de   , et allant à celui de

    , en relâche dans ce port de   , en

    , où moi, Consul de la Nation portugaise, je me suis transporté à la demande dudit capitaine, afin de procéder à la visite du susdit navire, vérifier l'état de ruine dans lequel il se trouve, le motif qui en est la cause et les travaux à faire pour qu'il puisse continuer sa route; et où étaient présents N.

    et N.   , experts compétents pour ces sortes de vérifications; et, après leur avoir fait prêter serment sur les Saints Évangiles, je les ai chargés de commencer ladite vérification en bonne conscience, et sans fraude ni malice, et, après avoir bien examiné la coque et la mâture, de me déclarer quelle est la nature de l'avarie survenue audit navire; si elle est considérable, si elle provient de mauvais temps, ou de la négligence du capitaine; s'il peut, sans réparations, continuer sa route, ou si la relâche était indispensable; et, après avoir accepté cette mission, ils m'ont promis de la bien remplir. Et, commençant la vérification, après avoir tout vu et examiné, ils ont déclaré que l'avarie se trouvait dans la coque (*ou dans la mâture, ou dans la voilure, ou qu'il pouvait sans danger continuer sa route vers son port de destination*). Et, comme ils m'ont affirmé avoir rempli la mission dont ils étaient chargés, et n'avoir plus rien à voir ni à déclarer, j'ai terminé la visite et dressé le présent acte en présence des témoins N.   et N.   (*emplois et domiciles*), lesquels, après lecture faite, l'ont signé avec moi et les experts.

En foi de quoi j'ai délivré le présent par moi signé et scellé du sceau de ce Consulat.

         (Signé :) N.

            Consul.

(L. S.)

N.

N.   } *Experts.*

N.

N.   } *Témoins.*

Enregistré à folio   du Livre compétent.

PROCÈS-VERBAL DE VISITE DE MARCHANDISES A TERRE.

Le   jour du mois de   de l'an mil
huit cent   de la Naissance de Notre Seigneur Jésus-Christ, ayant été, en ma qualité de Consul de la
Nation portugaise à   , requis par N.
                    (*il faut mentionner si la réquisition a été faite par lui ou
par un fondé de pouvoirs*) afin de procéder et de présider à l'examen de   , je me suis transporté rue de   ,
magasin n°   , et, en présence des experts N.
et N.   (*leurs professions*), je leur ai déféré le serment sur les Saints Évangiles, pour qu'ils eussent à examiner
consciencieusement les colis ou ballots.

(*Si ce sont des marchandises avariées, il faudrait ajouter :* — et à
déclarer leur état d'avarie, sa cause, la diminution produite
sur la valeur primitive des marchandises, et si cette perte aurait
pu être évitée par le capitaine.) Et, après avoir procédé à la vérification dont ils étaient chargés de la manière la plus minu-
tieuse, ils ont déclaré :

(*Suit le résultat de la vérification.*)

Ayant affirmé n'avoir plus rien à ajouter, et après lecture faite
de cet acte, ils l'ont signé avec moi, et avec N.   ,
qui a requis ledit examen, et avec les témoins N.
et N.

En foi de quoi j'ai dressé le présent procès-verbal, qui est
scellé du sceau de ce Consulat.

(Signé :) N.

Consul.

(L. S.)

(*Signature des experts.*)
(*Idem de celui qui a demandé l'expertise.*)
(*Idem des témoins.*)

PROCÈS-VERBAL DE CHANGEMENT DE CAPITAINE.

Par-devant moi, N.   , Consul de la Nation portugaise à   , a comparu personnellement, le   jour du mois de   de l'an mil huit cent   , N.   , consignataire (*ou propriétaire*) du navire portugais nommé   , mouillé dans ce port; et en me présentant les pouvoirs à lui conférés par N.   , domicilié à   , sujet de Sa Majesté Très-Fidèle, et propriétaire du susdit navire, il m'a dit qu'en vertu des pouvoirs précités, il prétendait changer de capitaine (*ou de maître*) et prendre N.   , vu que les intérêts du susdit propriétaire le réclamaient (*ou que la nouvelle nomination était faite en conséquence du décès ou de la retraite de celui qui existait*), et qu'il venait solliciter de ce Consulat l'approbation de cette nomination; et, trouvant tout conforme aux lois et règlements en vigueur, je l'ai effectivement approuvée. Dans le présent acte, N.   , sujet de Sa Majesté Très-Fidèle, a déclaré accepter cette nomination, se soumettant en tout aux lois et règlements précités.

Et pour servir où besoin sera j'ai dressé le présent acte, que tous deux ont signé avec moi.

(Signé :) N.

Consul.

(L. S.)

(*Signature du consignataire.*)

(*Idem du capitaine ou du maître.*)

PROCÈS-VERBAL DE NOMINATION D'EXPERTS POUR LA VÉRIFICATION DE MARCHANDISES AVARIÉES.

Le   jour du mois de   de l'an
mil huit cent   , dans cette Chancellerie du Consulat de la Nation portugaise à   , ont comparu,
d'une part, N.   , receveur du chargement du
navire nommé   , et, d'autre part, N.   ,
capitaine dudit navire; et ils sont convenus d'un commun accord,
conformément à l'usage établi sur cette place, que l'avarie majeure qu'a soufferte le navire dans son voyage actuel, en venant
du port de   et allant à celui de   ,
soit réglée par deux juges arbitres, et ils ont nommé à cet effet
le receveur du chargement N.   , négociant de
cette place, et le capitaine du navire N.   , aussi
négociant de cette place; leur donnant toute faculté d'examiner,
d'après les documents qui leur seront soumis et conformément
aux lois, usages et coutumes maritimes le plus généralement
suivis, et aux usages particuliers de cette place, et de décider
lesquels des dommages soufferts et des dépenses faites appartiennent à l'avarie, qu'ils régleront comme ils le croiront de justice et de raison. Et, dans le cas où ils ne seraient point d'accord
dans leurs opinions, l'autorité compétente en nommera un troisième, dans le seul but de départager les opinions. Ils veulent que
ce qui aura été ainsi réglé soit exécuté, comme un jugement dé-
finitif, et que la présente convention, aussi bien que le règlement qui sera fait en conséquence, soit, dans le cas où cela de-
viendrait nécessaire, portée au jugement de la justice compétente, par-devant laquelle ils se considèrent dès à présent comme
cités.

Et pour l'exécution de ce qui vient d'être rapporté et du
payement ils engagent réciproquement le chargement, le navire et le fret échu. Le tout a été dit en présence des témoins N.

et N.   , qui tous ont signé.
En foi de quoi, etc., etc.

(Signé :) N.

Consul.

(*L. S.*)

N.   N.   , *Receveur.*
N.   } *Témoins.*   N.   } *Arbitres.*   N.   , *Capitaine.*

Enregistré à folio   du Livre compétent.

ACTE DE NAISSANCE.

Le   jour du mois de   de
l'an mil huit cent   de la Naissance de Notre
Seigneur Jésus-Christ, dans cette Chancellerie du Consulat de la
Nation portugaise à   , a comparu par-devant
moi N.   (*indiquer les noms et prénoms, lieu de naissance, profession et domicile du comparant*), accompagné de N.
          et de N.   , comme témoins (*indiquer
aussi leur profession et domicile*), tous deux bien connus de moi ; il
m'a déclaré que son épouse N.   (*les nom et prénoms, lieu de naissance, désignation du père et de la mère et domicile*), est accouchée le   , à   heures du   ,
d'un fils (*ou d'une fille*), qu'il m'a présenté, et qui doit recevoir
(*ou a reçu*) à son baptême le nom de   .

En foi de quoi j'ai dressé le présent acte, qui, après lecture faite, a été signé par le père, par les témoins susmentionnés et par moi, qui l'ai scellé du sceau de ce Consulat.

(Signé:) N.

Consul.

(Locus signi.)

(Signature du père,)
(Signature des témoins.)

ACTE DE DÉCÈS.

Il est fait savoir à tous ceux qui le présent acte de décès verront que, le   jour du mois de   de de l'an mil huit cent de la Naissance de Notre Seigneur Jésus-Christ, par-devant moi, N.   , Consul de la Nation portugaise à   , a comparu N.   *(nom, profession, âge, état, lieu de naissance, domicile et degré de parenté avec le défunt)*, accompagné des deux témoins N.   et N.   *(les mêmes déclarations que celles ci-dessus)*, qui m'a déclaré que, le   *(jour et mois)*, est décédé N.   *(mêmes déclarations)*, de   *(spécifier la cause de la mort)*, ainsi que le prouvait le certificat de décès qui m'a été présenté, et qui contenait ce qui suit :

(Transcrire intégralement le certificat de décès.)

Et de tout j'ai dressé le présent acte, signé par le déclarant, par les témoins ci-dessus nommés et par moi, qui l'ai scellé du sceau de ce Consulat.

(Signé:) N.

Consul.

(Locus signi.)

(Signature du comparant.)
(Signature des témoins.)

PROCÈS-VERBAL DE PROTESTATION CONTRE DES RETARDS.

Il est fait savoir à tous ceux qui le présent acte public de protestation verront que, par-devant moi ont comparu, dans la Chancellerie de ce Consulat de la Nation portugaise à
, N.   , capitaine du navire portugais nommé   , jaugeant   tonneaux, appartenant au port de   , et N.   , premier pilote du susdit navire, qui ont déclaré que, leur navire ayant été frété par
N.   et N.   , demeurant à
, pour conduire un chargement de
à ce port, où il est arrivé le   .   du mois de   ,
ils avaient par leur lettre d'affrétement   jour pour décharger ledit navire, conformément audit affrétement que, par un connaissement daté de   (*l'endroit*)   du
du mois de   , les susdits N.   et N.
ont consigné à N.   et à N.   ,
des colis dont la marque est portée en marge ; que lui capitaine leur a fait dire de les envoyer prendre à bord pour payer le fret compétent, ce qu'ils ont refusé de faire, retardant ainsi ledit bâtiment au grand préjudice de ses propriétaires, et qu'en conséquence, lui, capitaine, me déclarait vouloir protester, comme en effet il proteste, contre lesdits N.   et N.   ,
ou contre qui de droit, pour le manque d'exécution du susdit affrétement, pour toutes les pertes et les dépenses qui surviendront, et pour n'avoir pas payé ledit fret conformément à ce qui était convenu.

(Signé :) N.

Consul.

(*L. S.*)

N.   , *Capitaine.*
N.   , 1er *Pilote.*

Enregistré à folio   du Livre compétent.

PROCÈS-VERBAL DE PROTESTATION ET RATIFICATION D'UNE AUTRE PROTESTATION FAITE EN PLEINE MER.

Il est fait savoir à tous ceux qui la présente protestation verront que par-devant moi ont personnellement comparu dans cette Chancellerie du Consulat de la Nation portugaise N.
, capitaine du navire nommé   , jaugeant
tonneaux, appartenant au port de   ; N.
, 1ᵉʳ pilote dudit navire ; N.   et N.
, matelots ; lesquels m'ont chacun à leur tour déclaré que ledit navire ayant reçu un chargement de   (*spécifier le chargement*)   , le   du mois de   ,
et que se trouvant en bon état de gréement, bien clos, muni des vivres nécessaires, et complétement prêt à mettre à la voile, il est sorti du port de   , en destination directe au port de   ; que ledit navire, se trouvant en pleine mer le   du mois de   , par
degrés de longitude et   de latitude   , a été assailli par une violente tempête et un vent furieux de   (*déclarer ce qui sera advenu, d'après le Journal de mer et le Point*) ; que la mer était tellement grosse que plusieurs fois elle a balayé le pont, emportant l'habitacle, les fourneaux et les canots, et que la tempête a duré jusqu'au   dudit mois ; que, le navire ne pouvant supporter *telles* et *telles* voiles, on a été obligé de les serrer, et de hisser *telles* autres voiles avec trois ris, etc.; que, malgré tous les efforts, le navire n'a pu même tenir cette voilure, et que le capitaine s'est vu forcé de fuir vent arrière et à sec de voiles ; que, le vent s'étant un peu calmé, on a jeté la sonde et on a vu que le navire faisait   pouces d'eau ; que *telles* et *telles* voiles ayant été déchirées par le vent, et que voyant enfin la nécessité de relâcher dans le port le plus prochain, on a mis le cap sur ce port, où on est arrivé et où l'on a mouillé à
heures du   , le   du présent mois ; que pendant le voyage le capitaine, les officiers et les matelots ont fait tous les efforts possibles pour préserver ledit navire et son chargement de toute avarie ; c'est pourquoi le capitaine m'a demandé de recevoir cette protestation solennelle contre la mer et

le vent, ou contre qui de droit, déclarant que tous les dommages, les avaries et les pertes, qui ont pu survenir audit navire et à son chargement, doivent être mis au compte des intéressés du navire et de son chargement, ou des assureurs (*par voie de répartition au prorata, ou de toute autre manière*), les événements ci-dessus relatés n'étant pas arrivés à cause du mauvais état dans lequel aurait pu se trouver le navire lorsqu'il est sorti du port de   , ni par la négligence de lui capitaine ou de l'équipage. En conséquence des susdits événements, les comparants m'ont demandé de dresser un acte qui leur servît, ainsi qu'à tous les intéressés, où besoin serait ; en vertu donc de ladite demande, j'ai ratifié la présente protestation, que le capitaine et tous les autres comparants ont signée avec moi.

En foi de quoi, etc., etc.

(Signé:) N.

Consul.

(*L. S.*)

N.   , *Capitaine.*

N.   , 1ᵉʳ *Pilote.*

N.   , *Contre-maître.*

N.   } *Matelots.*
N.

Enregistré à folio du Livre compétent.

PROTESTATION CONTRE PIRATERIE.

Il est fait savoir à tous ceux qui la présente déclaration et protestation verront que par-devant moi ont personnellement comparu, dans cette Chancellerie du Consulat de la Nation portugaise à   , N.
, dernier capitaine du navire nommé

, jaugeant   tonneaux, appartenant au port de
, et N.   , dernier pilote dudit
navire, qui m'ont déclaré avoir mis à la voile du port de
, le   du mois dernier, avec un chargement
de   , en destination au port de   ,
et que pendant leur voyage, se trouvant *tel* jour, par   degrés
de longitude et   de latitude, leur navire a été violemment
volé et pris par le corsaire   , de   hommes
d'équipage   , commandés par N.   ,
appartenant à   ; que, se trouvant en vue dudit
corsaire, le capitaine a reçu l'ordre du commandant de passer à
son bord avec tous ses papiers, et qu'il y a été retenu; que le
capitaine, le pilote, le contre-maître, etc., ont aussi été envoyés
à bord dudit corsaire, et qu'il a été envoyé à bord de son susdit
navire un capitaine de prise et   matelots, avec ordre de le
conduire au port de   ; que   heures
après cet événement on a aperçu un navire qui a commencé à
donner la chasse audit corsaire, et que lui, capitaine, a reçu
l'ordre de retourner à bord de son navire; qu'il a été mis, ainsi
que ses hommes, dans son canot, qui était encore amarré le long
du bord du corsaire; et que là on lui a rendu ses papiers; que,
le capitaine se trouvant dans son canot, et déjà à moitié chemin
de son navire, il a été rappelé par le corsaire, qui, cette fois,
l'a retenu tout à fait avec tous ses papiers; que le navire que
l'on avait aperçu a continué à donner la chasse au corsaire, mais
que, la nuit étant venue, il est parvenu à s'échapper, les emme-
nant, eux comparants, jusqu'au port de   , où on les
a débarqués; que le capitaine a réclamé du commandant, ainsi
qu'aux propriétaires du corsaire, tous ses papiers, mais qu'on
les lui a refusés, et qu'il ne lui a pas été possible de protester,
n'ayant pas même les moyens de subsistance nécessaires.

En conséquence, lui, ex-capitaine dudit navire, pour lui et
au nom de ses propriétaires et de tous les intéressés à son chargement, proteste solennellement contre ledit corsaire, son commandant, ses officiers et ses matelots, son artillerie, son armement, et enfin contre qui de droit, pour avoir ainsi pris ledit navire, son chargement, son équipage et ses papiers, et pour avoir
envoyé à son bord un capitaine de prise; il proteste encore pour
toutes les pertes et les dommages qu'ils ont causés, ainsi que pour
les dépenses déjà faites ou à faire. Et moi, N.

j'ai solennellement dressé la présente protestation afin que les pertes causées audit navire et à son chargement soient complétement remboursées à ceux à qui il appartient; et, comme les comparants m'ont demandé un acte qui leur servît, ainsi qu'à tous les intéressés, où besoin serait, je leur ai délivré le présent acte, que le capitaine et le pilote ont signé avec moi.

En foi de quoi, etc., etc.

(Signé:) N.

Consul.

(*L. S.*)

N.   , *Capitaine.*
N.   , *Pilote.*

Enregistré à folio   du Livre compétent.

PROTESTATION CONTRE INCENDIE.

Il est fait savoir à tous ceux qui la présente protestation verront que par-devant moi ont comparu, dans la Chancellerie du Consulat de la Nation portugaise à   , N. , capitaine du navire portugais nommé   , jaugeant   tonneaux, appartenant au port de   , et N.   , 1er pilote   , et N. contre-maître dudit navire, qui m'ont déclaré que, le bâtiment ayant été chargé de *telles et telles* marchandises ou denrées, au nombre desquelles se trouvaient   pièces d'eau-de-vie de Cognac; que, se trouvant en bon état de gréement, bien clos, muni de tous les vivres et les objets nécessaires, et complétement prêt à prendre la mer, il est sorti du port de   , en destination au port de cette ville, où il est arrivé le   du présent mois; que le lendemain de son arrivée en ce port, après avoir fait son entrée en douane, il a commencé le déchargement de son navire; — Que *tel jour*, à heu-

.res de l'après-midi, le contre-maître étant allé percer une barrique de rhum pour en tirer la quantité dont il avait besoin pour l'équipage, au moment de reboucher le trou qu'il avait fait à la barrique, il s'est échappé une assez grande quantité de rhum qui s'est enflammé aussitôt au contact d'une lumière que portait à la main le mousse, et qui se trouvait à *telle* distance de la barrique; que le feu s'est étendu avec tant de rapidité que, malgré tous les efforts qu'on a pu faire pour l'arrêter pendant le temps qu'il a été possible de rester à bord et de résister à la violence des flammes, et malgré les secours fournis par les navires à l'ancre dans ce port, toutes les mesures prises et toute l'activité déployée par l'équipage ont été inutiles; — Qu'à   heures de ce même jour, l'incendie était devenu si violent qu'il a été impossible, sans péril de vie, de rester plus longtemps à bord dudit navire : car, le feu étant déjà près de la soute aux poudres, à chaque instant on s'attendait à la destruction complète du navire;— Qu'en conséquence, il est devenu d'une nécessité absolue de l'abandonner pour sauver l'équipage, et que, voulant tâcher de sauver aussi ce que l'on pourrait du chargement et des apparaux, on a jugé à propos de couper les amarres pour que le navire pût aller à la côte; qu'à   heures de la nuit, le feu s'est communiqué aux poudres, et que l'explosion a été si extraordinaire qu'elle a emporté une partie de l'arrière, du pont, etc.; — Que l'incendie a continué à dévorer ce qui restait encore ; — Qu'en conséquence, le capitaine proteste contre qui de droit, assureurs, chargeurs et intéressés, pour ce qui est contenu dans cette protestation, dont les comparants m'ont demandé un acte qui leur servît à eux, ainsi qu'à tous les intéressés, où besoin serait. J'ai donc fait dresser la présente protestation, que le capitaine et tous les autres ont signée avec moi.

En foi de quoi, etc., etc.

(*L. S.*).   (Signé :) N.
                                                                Consul.

N.   , *Capitaine.*
N.   , 1er *Pilote.*
N.   , *Contre-maître.*

Enregistré à f°   du livre compétent.

TESTAMENT.

Lorsque l'agent consulaire sera appelé chez un sujet portugais pour écrire son testament, il devra le commencer de la manière suivante :

Moi , N.   (*le nom du testateur*), me trouvant gravement malade , mais conservant encore toutes mes facultés intellectuelles, je fais mon testament ainsi qu'il suit :

J'invoque d'abord le secours divin pour le terrible moment du trépas.

Si le testateur est marié , il doit déclarer avec qui ; s'il a des enfants, leurs noms; si le mariage est sous le régime de la communauté, comme c'est l'usage dans le royaume, etc.

Ensuite doivent venir les dispositions testamentaires. Mais il faut observer que moitié de la succession appartient à la veuve et l'autre moitié aux enfants; et, quant aux legs que le testateur pourra faire, ils ne pourront dépasser le tiers de cette dernière partie. Par exemple :

Je déclare être légitimement marié avec   , et que de notre mariage j'ai   enfant , savoir : N.   , N.   , N.   , N.   , qui de droit sont mes héritiers directs pour les deux tiers de mes biens , et je les institue comme tels. Quant à mon propre tiers , dont je peux disposer librement, je le laisse à   ; on en devra toutefois tirer les différents legs que je déclare faire ainsi :

Le testament doit se terminer comme il suit :

Et j'ai ainsi terminé mon testament, dont je veux l'exécution, car c'est ma dernière volonté.

(*Le nom de la ville*), le   du mois de   18

(*Signature du testateur.*)

Lorsque le testateur ne pourra pas signer, on devra dire :

Je déclare que, ne pouvant, malgré tous les efforts que j'ai faits, signer mon nom, en conséquence de l'état où m'a mis ma maladie, j'ai prié M. N.   , Consul de la Nation portugaise à   , qui a déjà écrit pour moi mon testament, de le signer.

Quand le testateur ne saura pas écrire, il doit être déclaré que le Consul a signé à sa demande, parce qu'il lui a dit qu'il ne sait pas écrire et qu'il est dans l'habitude de faire une croix, et le testateur la fera, s'il le peut, au bas du testament, après que lecture lui en aura été faite par le Consul.

Le Consul écrira alors : Je signe à la demande du testateur, vu l'impossibilité où il est d'écrire.

(Signé :) N.

Consul.

APPROBATION.

Il est fait savoir à tous ceux qui le présent acte d'approbation de testament verront que, l'an mil huit cent   de la Naissance de Notre Seigneur Jésus-Christ, le   jour du mois de   , dans cette ville de   et dans la demeure de N.   (nom et profession, etc.), où moi, Consul de la Nation portugaise, je me suis transporté à sa demande, en présence dudit N.   , ̃ utilité et gravement malade, mais, dans mon opinion, ayant l'usage de toutes ses facultés, et dont j'ai reconnu l'identité ; en présence encore des témoins soussignés et devant eux, N.   m'a remis ce papier, que j'ai reçu de ses mains ; et aux demandes que je lui ai faites, conformément aux lois de Portugal, savoir : si c'était son testament, s'il était fait selon sa volonté, s'il voulait l'approuver et le considérer comme bon et valable, il m'a répondu à chacune de ces demandes — oui ; — que c'était bien son testament, que moi, Consul, j'avais écrit à sa demande et lui avais lu ensuite, qu'ayant fait ses efforts pour le signer, il n'y était pas parvenu, et m'avait prié de signer pour lui ; qu'enfin il l'approuve et le confirme, et veut qu'il soit exécuté dans sa teneur, car c'est sa volonté dernière.

Ont été présents à tout cet acte les témoins N. et N. *(le nom, la profession et la demeure ; il faut qu'il y ait cinq témoins)*, et, par la raison que le testateur, qui est connu de tous, ne peut ou ne sait pas écrire, le témoin N. a signé le présent acte à sa demande, après que j'en ai eu fait lecture. Et moi, N. , Consul, je l'ai écrit et signé.

(*L. S.*)   (Signé :) N.

                                        Consul.

Le témoin ci-dessus mentionné devra alors écrire :

Je signe à la demande du testateur, vu qu'il ne peut ou ne sait pas écrire, et comme témoin N.

Suivent les signatures des autres témoins.

Après avoir plié et cousu le testament, le Consul écrira sur l'un des côtés :

Testament de N.   , approuvé le   du mois de   de l'an mil huit cent   par moi.

                              N.

                Consul de la Nation Portugaise à

PROCÈS-VERBAL D'OUVERTURE DE TESTAMENT.

N. B. — Cet acte doit être dressé de suite après le testament, car il doit y être annexé.

L'an mil huit cent   de la Naissance de Notre Seigneur Jésus-Christ, le   jour du mois de   , dans cette ville et demeure de feu N.   où moi, N.
        , Consul de la Nation portugaise, je me suis transporté à   heures, afin d'ouvrir et lire le testament du susdit défunt; étaient présents M. N.   et Mme N.   , qui m'ont remis ledit testament, que j'ai examiné et trouvé intact, cousu de cinq points de soie blanche et avec cinq gouttes de cire rouge; et, en ayant fait lecture, je n'y ai trouvé aucun pâté d'encre, entre-ligne, rature, ni rien enfin qui puisse susciter quelque doute. Après lecture faite, j'ai dressé le présent procès-verbal en présence des témoins soussignés N.   et N.   (*leur demeure et leur profession*), et j'ai intimé la personne qui m'avait remis le testament de le faire enregis- trer sur les registres du Consulat dans le délai de   jours, ce qu'elle a bien entendu, et elle a signé avec moi ainsi que les témoins.

(*L. S.*)   (Signé :) N.
Consul de la Nation Portugaise à

Suivent les signatures des témoins et de la personne qui a re- mis le testament.

N. B. — Le testament et les procès-verbaux d'approbation et d'ouverture doivent être paraphés au haut de chaque page par l'Agent Consulaire respectif, d'après les lois portugaises.

Ne peuvent pas tester : — 1° les garçons mineurs au-dessous de 14 ans et les filles mineures au-dessous de 12 ; — 2° les fils de famille qui sont sous la puissance paternelle, quoique majeurs de 25 ans ; — 3° celui qui est continuellement en fureur sans aucun intervalle de lucidité ; — 4° le prodigue à qui a été retirée l'administration de ses biens ; — 5° le sourd-muet de naissance, ou qui l'est devenu par maladie, et qui ne peut déclarer sa volonté par écrit ; — 6° les condamnés à mort ; — 7° les personnes dénaturalisées.

Le testament sera nul si les personnes capables de tester sont forcées à le faire par ruse, par crainte ou par force.

Ne peuvent être témoins d'un testament écrit : — 1° les femmes (1) ; — 2° les mineurs au-dessous de 14 ans ; — 3° les fous furieux et les prodigues auxquels l'administration de leurs biens a été retirée ; — 4° les sourds-muets ; — 5° les aveugles ; — 6° les esclaves ; — 7° l'héritier institué ni les enfants qu'il a sous le pouvoir paternel ; — 8° le père de l'héritier, si celui-ci se trouve sous le pouvoir du premier ; — 9° les frères de l'héritier, si l'un et les autres sont sous le pouvoir de leur père.

Les légataires, toutefois, peuvent servir de témoins.

Le nombre des témoins doit être de cinq, outre le notaire ou celui qui en remplit les fonctions, aussi bien pour le testament ouvert fait par-devant notaire que pour l'approbation du testament clos. Dans le testament ouvert fait sans notaire et dans le testament fait de vive voix à l'article de la mort, le testateur peut nommer pour son exécuteur testamentaire la personne ou les personnes que bon lui semblera.

Il faut remarquer aussi qu'il n'y a pas de testament sans institution d'héritier. Mais le testateur ne peut instituer pour héritier un corps de main-morte ; il peut seulement lui laisser un legs en argent. Si c'est un père qui ait eu des enfants d'une femme mariée, il ne peut les instituer ses héritiers s'ils n'ont été légitimés par une ordonnance royale. Il ne peut fonder ni bénéfice simple, ni majorat, mais il peut léguer certains biens en fidéicommis, c'est-à-dire pour que le légataire en ait l'administration et l'usufruit, et qu'à sa mort ils passent à N.   , et à la mort de celui-ci à N.   , pourvu qu'il y ait un terme, le droit de propriété appartenant au dernier, qui en disposera à son gré.

Dans les codicilles, qui d'ordinaire sont faits comme disposi-

____

(1) Les femmes peuvent cependant être témoins d'un testament fait de vive voix, à l'article de la mort.

tions additionnelles aux testaments, l'institution d'héritier n'est pas nécessaire; mais on ne peut non plus y déroger à la nomination faite dans le testament. Cependant on peut altérer les legs faits dans le corps du testament, les augmenter, les diminuer, et même les éliminer, faire de nouveaux legs ou des déclarations qui paraîtraient convenables au testateur. Les formalités des codicilles sont les mêmes que celles des testaments, seulement quatre témoins suffisent.

RENONCIATION A UNE SUCCESSION (1).

Il est fait savoir à tous ceux qui le présent acte de renonciation d'héritage verront que, l'an mil huit cent
de la Naissance de Notre Seigneur Jésus-Christ, le   jour du mois de   , dans la Chancellerie du Consulat Portugais à   , a comparu N.   (*profession et domicile*) qui a dit que son père N.   étant décédé à   (*ab intestat*, ou laissant un testament), et que le comparant ne voulant pas accepter l'héritage, en usant du droit qu'il a de renoncer à sa succession, il renonce par cet acte, positivement et formellement, à être l'héritier de feu son père, susmentionné, afin que sa succession aille à qui de droit, comme elle irait si le comparant n'existait point.

Et de ce qu'il a dit et octroyé j'ai dressé le présent acte en présence des témoins, etc., etc.

---

(1) La renonciation à une succession ou à un legs peut avoir lieu lorsqu'un sujet portugais, quel que soit le pays où il se trouve, vient à apprendre le décès de quelqu'un dont l'héritage *ab intestat*, ou par testament, lui revient, ou un legs qui lui aurait été laissé, et qu'il ne veuille pas ou qu'il ne lui convienne pas d'accepter, parce qu'il le trouve trop onéreux, ou par tout autre motif que ce soit, comme, par exemple, si la succession était surchargée de dettes ou de procès dont il ne voudrait pas répondre.

Cet acte donc, qui par sa nature est toujours uni-latéral, est suffisant lorsqu'il est fait seulement par la personne qui renonce à la succession. C'est là le but de cette formule.

TITRE DE NATIONALITÉ A UN SUJET PORTUGAIS.

N.   , Consul de la Nation portugaise à

Nº

SIGNALEMENT.

—

Age
Qualité
Taille
Visage
Cheveux
Yeux
Nez
Bouche

Faisons savoir que **N.**

est sujet de Sa Majesté Très-Fidèle, ce qu'il a prouvé par un document qui existe dans les archives de ce Consulat.

Signes particuliers.

Délivré le   jour du mois
de   18   .

—

(Signé :) N.

(*Locus signi.*)   *Consul.*

(*Signature du porteur.*)

VISA APPOSÉ SUR LE JOURNAL DE BORD.

Je certifie que le présent Journal de bord du navire
m'a été présenté par le capitaine N.   ,
dans le délai fixé par les §§ 1405 et 1407 du Code de Commerce,
et que, dans ledit journal, les dispositions ordonnées par le
§ 1377 du susdit Code ont été remplies (*ou ne l'ont pas été*).

Consulat de la Nation portugaise, le
18   .

(Signé :) N.

Consul.

(*L. S.*)

SAUF-CONDUIT DÉLIVRÉ AUX MATELOTS POUR ALLER A -TERRE, SUR LA DEMANDE DES CAPITAINES.

N.   (*l'âge, le signalement, le lieu de naissance, l'é-
tat, etc.*), appartient à l'équipage du navire portugais nommé
, capitaine N.   , à l'ancre
dans ce port.

Et, afin qu'il ne soit pas inquiété pour le service étranger, je lui
ai délivré le présent sauf-conduit, qui n'aura d'efficacité que

jusqu'au départ dudit navire, et tant que ce matelot sera à son service.

Consulat, etc., etc.

(L. S.)

(Signé :) N.

Consul.

Gratis.

N. B. — Au départ du navire, le capitaine doit remettre au Consulat ces sauf-conduits, pour que les matelots ne puissent pas les passer à d'autres.

Ce sauf-conduit doit porter, sur le côté, la traduction dans la langue du pays où se trouvera le navire.

TABLEAU D'IMPORTATION.

Consulat de la Nation Portugaise à

Tableau de l'importation sur bâtiments nationaux ou étrangers venus des différents ports de Portugal et de ses possessions, et entrés dans ce District consulaire dans le   semestre de 18   .

DATES.	QUALITÉ du bâtiment.	NOMS.	NATION.	LIEU de départ.	TONNEAUX.	CHARGEMENT		VALEUR DU chargement en réis.	OBSERVATIONS.
					Total.				

Consulat de la Nation portugaise à   , le   18

(Signé :) N.

(Locus signi.)   Consul.

TABLEAU D'EXPORTATION.

Consulat de la Nation Portugaise à

Tableau de l'exportation sur navires nationaux ou étrangers expédiés des ports de ce District consulaire pour le Portugai et ses posssessions dans le   semestre de 18   .

Dates.	Qualité du bâtiment.	Nom.	Nation.	Maître ou capitaine.	Propriétaire.	Consignation.	Destination.	Tonneaux.	Équipage.	Passagers.	Chargement								Valeur du chargement en reis.	Observations.
							Total.												§	

Consulat de la Nation portugaise à

(*Locus signi.*)

, le   (Signé :) N.   18   .

Consul.

FORMULE DE SERMENT POUR LES CONSULS.

« Je jure d'être fidèle à Sa Majesté le Roi Dom Pedro V, d'ob-
« server et de faire observer la Charte constitutionnelle de la
« monarchie et les lois du royaume, de remplir les devoirs de
« ma charge conformément aux règlements en vigueur et aux
« ordres que je recevrai à l'avenir, et de pourvoir par tous les
« moyens à ma portée aux intérêts de la navigation et du com-
« merce de Portugal. »

FORMULE DE SERMENT POUR LES CONSULS ÉTRANGERS
NON APPOINTÉS.

« Je jure de remplir fidèlement les devoirs de ma charge, con-
« formément aux règlements en vigueur et aux ordres que je
« recevrai à l'avenir, et de pourvoir par tous les moyens à ma
« portée aux intérêts de la navigation et du commerce de
« Portugal. »

NOMINATION DE VICE-CONSUL.

N.   , Consul de la Nation portugaise à   par nomination de Sa Majesté Très-Fidèle, que Dieu garde, etc., etc.

Fais savoir à ceux qui la présente nomination verront que, en vertu de la faculté qui m'est octroyée par mes lettres patentes de   , en date du   mil huit cent   , je nomme N.   , Vice-Consul de la Nation portugaise à   , et son District, parce qu'il possède les qualités requises pour bien exercer cet emploi ; et cette nomination devra, pour être valable, être présentée au Ministère des Affaires Étrangères, afin d'obtenir la confirmation royale. Je le notifie ainsi à tous les sujets portugais résidant dans ledit District ou qui s'y rendront, pour qu'ils reconnaissent le susdit N en qualité de Vice-Consul, et lui fournissent, en ce qui concerne le bien du service, toute l'assistance dont il pourrait avoir besoin. Je prie les autorités respectives de Sa Majesté de le faire jouir de tous les priviléges, franchises et libertés qui peuvent lui appartenir, en réciprocité de ceux dont jouissent les Vice-Consuls de   dans le royaume de Portugal. En foi de quoi je lui ai délivré le présent, par moi signé et scellé du sceau de ce Consulat, le   jour du mois de   de 18 .

(Signé:) N.

(*Locus signi.*)

Consul.

Enregistré à folio   du livre compétent.

CONFIRMATION DE LA NOMINATION DE VICE-CONSUL.

Il plaît à Sa Majesté le Roi de confirmer la nomination faite par N   , Consul de la Nation portugaise à   , en faveur de N   , en qualité de Vice-Consul de la même Nation à   , emploi qu'il exercera tant que Sa Majesté le trouvera bon et n'ordonnera pas le contraire.

Palais de   , le   du mois de   de 18   .

(Signature du Ministre.)

Enregistré à folio   du livre
des lettres patentes des Consuls.
Ministère des Affaires Etrangères,
le   18   .

(Signé :) N.

ADDITION.

CONVENTIONS ET TRAITÉS DONT DOIVENT AVOIR CONNAISSANCE LES EMPLOYÉS DU CORPS CONSULAIRE PORTUGAIS.

Traité entre le Portugal et la France relativement à l'abolition du droit d'aubaine, daté de Versailles le 21 avril 1778.

Traité entre le Portugal et la Russie sur la neutralité et la liberté du commerce, daté de Saint-Pétersbourg le 13 juillet 1782.

Traité séparé entre le Portugal et la Russie, même date que le précédent.

Traité entre le Portugal et la Sardaigne établissant une complète réciprocité entre les sujets des deux couronnes en matière de succession et d'héritage, daté de Lisbonne le 11 septembre 1787.

Traité d'amitié, de navigation et de commerce, entre le Portugal et la Russie, daté de Saint-Pétersbourg le 2|20 décembre 1787.

Convention entre le Portugal et les Pays-Bas pour la remise réciproque des déserteurs, signée à Lisbonne le 8 mai 1794.

Traité de navigation et de commerce entre le Portugal et la Russie, daté de Saint-Pétersbourg le 16/27 décembre 1798.

Article séparé et secret relatif à l'article 33 du traité de navigation et de commerce entre le Portugal et la Russie, même date que le précédent.

Traité de commerce et de navigation entre le Portugal et la Grande-Bretagne, signé à Rio-de-Janeiro le 19 février 1810.

Convention entre le Portugal et la Grande-Bretagne sur l'établissement de paquebots, même date que le précédent.

Traité entre le Portugal et la Grande-Bretagne pour l'abolition de la traite des nègres, signé à Vienne le 22 janvier 1815.

Convention additionnelle au traité du 22 janvier 1815 entre le Portugal et la Grande-Bretagne pour l'abolition de la traite des nègres, signée à Londres le 28 juillet 1817.

Article séparé de la convention additionnelle au traité du 22 janvier 1815, signé à Londres le 11 septembre 1817.

Traité de commerce et de navigation entre le Portugal et les Etats-Unis d'Amérique, signé à Lisbonne le 26 août 1840.

Traité entre le Portugal et la Grande-Bretagne pour l'abolition complète de la traite des nègres, signé à Lisbonne le 3 juillet 1842.

Traité de commerce et de navigation entre le Portugal et la Grande-Bretagne, signé à Lisbonne le 3 juillet 1842.

Traité d'amitié, de commerce et de navigation, entre le Portugal et la Turquie, signé à Londres le 20 mars 1843.

Traité de commerce et de navigation entre le Portugal et la Prusse, signé à Berlin le 20 février 1844.

Convention entre le Portugal et la Belgique pour la transmission de biens entre les sujets respectifs, signée à Lisbonne le 30 mars 1844.

Convention entre le Portugal et la Russie pour la transmission de biens entre les sujets respectifs, signée à Saint-Pétersbourg le 3/15 mai 1844.

Traité de commerce entre le Portugal et la Saxe, signé à Berlin le 19 septembre 1844.

Traité de commerce et de navigation entre le Portugal et le Grand-Duché de Hesse, signé à Berlin le 5 novembre 1844.

Traité de commerce entre le Portugal et le Duché d'Anhalt-Dessau, signé à Berlin le 5 décembre 1844.

Traité de commerce entre le Portugal et le Duché de Brunswick, signé à Berlin le 20 décembre 1844.

Traité de commerce et de navigation entre le Portugal et le Grand-Duché de Mecklembourg-Schwerin, signé à Berlin le 11 février 1845.

Traité de commerce entre le Portugal et le Grand-Duché de Bade, signé à Berlin le 7 juin 1845.

Traité de commerce et de navigation entre le Portugal et le Grand-Duché d'Oldembourg, signé à Berlin le 9 juin 1845.

Traité de commerce entre le Portugal et le Duché de Nassau, signé à Berlin le 18 juin 1845.

Convention entre le Portugal et l'Espagne pour déterminer

les attributions des Consuls dans leurs Etats respectifs, signée à Lisbonne le 26 juin 1845.

Traité de commerce entre le Portugal et la Bavière, signé à Berlin le 30 juin 1845.

Traité de commerce entre le Portugal et le Duché de Saxe-Cobourg-Gotha, signé à Cobourg le 26 août 1845.

Traité de commerce entre le Portugal et le royaume de Wurtemberg, signé à Berlin le 13 octobre 1845.

Traité de commerce entre le Portugal et l'Electorat de Hesse, signé à Berlin le 1er décembre 1845.

Convention postale entre le Portugal et l'Espagne, signée à Madrid le 22 juin 1850.

Traité de commerce et de navigation entre le Portugal et la Sardaigne, signé à Turin le 17 décembre 1850.

Traité de commerce et de navigation entre le Portugal et la Russie, signé à Lisbonne le 28 février 1851.

Convention littéraire entre le Portugal et la France, signée le 12 avril 1851.

Le retard inévitable qui a eu lieu dans la publication du Formulaire annexé à ce Règlement a permis que l'on transcrivît ici le Décret suivant :

DÉCRET.

Attendu qu'il convient de fixer dès à présent, et pour toutes les hypothèses, quels sont les droits qu'ont à payer les bâtiments étrangers achetés par des sujets portugais, qui auraient été mis hors de service, et qui plus tard auraient été reconstruits ; vu qu'il est nécessaire de lever tous les doutes qui très souvent se sont élevés sur un objet de si grande importance par le manque de dispositions légales comprenant les différentes catégories : Il me plaît de décréter ce qui suit :

ARTICLE 1er.

Sur tous les bâtiments étrangers neufs ou en état de naviguer, pontés ou non pontés, qui seront vendus avec tous les objets qui leur appartiennent, tels que : ancres, câbles, mâture, manœuvres fixes et courantes, voilure, poulies, futailles, canots, artillerie, armes portatives, etc., et tous les autres ustensiles d'usage à bord, à l'exception des vivres, il sera payé par tonneau un droit fixe de 7 § 500 reis (fr.) à l'entrée et de 100 reis seulement à la sortie.

Art. 2.

Quant aux bâtiments étrangers condamnés comme innavigables et destinés à être démolis qui seront vendus avec tous les objets qui leur appartiennent et qui ont été mentionnés ci-dessus (à l'exception des vivres), soit entiers, soit en lots séparés, il sera payé un droit de 10 p. 100 sur le prix d'adjudication qu'aura obtenu chacun de ces lots dans la vente aux enchères publiques.

Art. 3.

Lorsqu'un navire quelconque étranger, ou sa coque seulement, aura été vendu comme innavigable et pour être démoli, avec ou sans les objets qui lui appartiennent, et que l'adjudicataire le fera ensuite reconstruire pour naviguer sous pavillon portugais, il sera payé par tonneau 4 § 800 reis à l'entrée, et 100 reis à la sortie ; dans ce droit seront compris les 10 p. 100 mentionnés à l'article précédent, et déjà déduits du produit de l'adjudication.

Paragraphe unique. Si cependant, dans cette reconstruction, l'adjudicataire dépensait le quadruple, ou davantage, du prix auquel le bâtiment aura été adjugé, il ne sera perçu dans ce cas aucun droit en sus des 10 p. 100. Le montant des dépenses faites dans la reconstruction dont il vient d'être parlé ne peut être vérifié que par une inspection faite après la reconstruction, et dans la forme établie par l'art. 5, afin de s'assurer de l'état d'innavigabilité d'un bâtiment étranger quelconque.

Art. 4.

Les navires étrangers qui auront été reconstruits dans les termes de l'art. 3 du présent décret ne pourront être considérés comme nationaux sous tous les rapports avant que leurs propriétaires ou leurs représentants aient prouvé par documents que l'enregistrement et l'immatricule desdits navires ont été faits, et que les droits respectifs ont été acquittés. L'enregistrement ni l'immatricule ne pourront être faits sans que l'on présente le titre prouvant l'acquittement des droits au Trésor public correspondants à l'état de navigabilité.

Art. 5.

L'état innavigable d'un navire étranger quelconque se vérifie au moyen d'une inspection faite par des experts nommés par le Directeur de la douane respective, à laquelle devront aussi assister le Capitaine du port et le Consul ou le Vice-Consul compétent ; et, à défaut de ces autorités dans la localité ou dans ses environs, le Directeur de la douane indiquera les personnes qui devront les remplacer.

Art. 6.

Pour qu'un bâtiment puisse être considéré comme innavigable, il faut que les experts fassent l'évaluation des réparations à faire au bâtiment pour qu'il soit en état de continuer à naviguer, et que la valeur des réparations excède de trois quarts celle du navire en état de naviguer.

Art. 7.

Le Gouvernement rendra compte aux Cortès des dispositions adoptées dans le présent Décret.

Art. 8.

Toute législation contraire est révoquée.

Les Ministres et Secrétaires d'Etat des différents Départements sont chargés, en ce qui les concerne, de l'exécution du présent Décret.

Palais de Necessidades, le onze août mil huit cent cinquante-deux. — LA REINE, — Duc de Saldanha, — Rodrigo da Fonseca Magalhaes, — Antonio Luiz de Seabra, — Antonio Ma-

RIA FONTES PEREIRA DE MELLO, — ANTONIO ALUIZIO JERVIS DE ATOUGUIA, — le vicomte d'ALMEIDA GARRETT.

N. B. — D'après les dispositions de la loi du 14 juillet 1848 (Annexe E), il n'appartient qu'aux Consuls de délivrer des passeports provisoires aux navires étrangers, pour qu'ils puissent naviguer sous pavillon portugais. Ce titre de nationalité devra être substitué par le passe-port royal délivré par le Ministère de la Marine, après l'enregistrement fait à l'Intendance du port de Lisbonne, et les droits dont fait mention le Décret susmentionné payés à la Grande Douane de cette Capitale.

Il faut observer que le droit sur la vente des bâtiments portugais, entre Portugais, a été aboli par décret du 19 avril 1832.

TARIF

DES DROITS DE TONNAGE QUE DOIVENT PAYER LES NAVIRES PORTUGAIS ET ÉTRANGERS.

CAS.	DROITS DES NAVIRES par tonneau.		LOI APPLICABLE.
	Portugais.	Étrangers.	
	Reis.	Reis.	
Navires entrant avec des denrées étrangères.			
Venant d'un des ports du Royaume	250	500	Décret du 14 novembre 1836, articles 1er et 7.
Sortant avec un chargement de sel, de farines et d'huiles de production nationale. . .	50	100	Loi du 11 avril 1839, article 3 ; Loi du 10 mai 1841, et ordonnance du 31 mai 1842.
Sortant avec un chargement complet de marchandises de production, industrie ou manufacture nationale, ou même étrangère, déjà dépêchées pour consommation	150	300	Décret du 14 novembre 1836, articles 2 et 7.
Sortant avec au moins deux tiers du jaugeage de sel, de farines ou d'huile de produc-			

CAS.	DROITS DES NAVIRES par tonneau.		LOI APPLICABLE.
	Portugais.	Étrangers.	
	Reis.	Reis.	
tion nationale.	50	100	Loi du 28 août 1840, article 1er; et article 1er de la Loi du 11 avril 1839.
Chargé, des deux tiers au moins de son jaugeage, de céréales de production nationale.	»	»	Loi du 26 juin 1850, article 6.
Chargé, de moins des deux tiers de son jaugeage, desdites céréales, il sera exempt des droits de tonnage correspondants à autant de tonneaux que le poids double de muids des céréales chargées	»	»	Paragraphe unique de l'article 6 de la Loi du 26 juin 1850.
De la capacité restante.			
Pour chaque tonneau de marchandises de production, industrie ou manufacture nationale, ou même étrangère, déjà dépêchées pour consommation.	150	300	Décret du 14 novembre 1826, article 2; et Loi du 28 août 1840, article 2.
Pour chaque tonneau de denrées étrangères	250	500	Décret du 14 novembre 1836, article 1er; et Loi du 28 août 1840, article 2.

CAS.	DROITS DES NAVIRES par tonneau.		LOI APPLICABLE.
	Portugais.	Étrangers.	
	Reis.	Reis.	
Navires entrant sur lest. Sortant sur lest	250	500	Décret du 14 novembre 1836, article 1er.
Sortant sur lest pour un autre port quelconque du royaume pour y prendre un chargement complet de sel, de céréales, de farines et d'huile de production nationale	»	»	Loi du 11 avril 1839, § de l'article 1er de la Loi du 10 mai 1841.
Sortant avec chargement complet de marchandises d'industrie, de production ou de manufacture nationale, ou même étrangère, déjà dépêchées pour consommation	100	200	Décret du 14 novembre 1836, paragraphe unique des articles 2 et 7.
Sortant avec un chargement complet de céréales, sel, farines et huiles de production nationale	»	»	Lois du 11 avril 1849 et du 10 mai 1841, article 1er.
Sortant avec au moins deux tiers du chargement de sel, céréales, farines et huile de pro-			

CAS.	DROITS DES NAVIRES par tonneau.		LOI APPLICABLE.
	Portugais.	Étrangers.	
	Reis.	Reis.	
duction nationale	»	»	Lois du 28 août 1840 et du 10 mai 1841.
Portant un chargement desdites céréales inférieur aux deux tiers de son jaugeage, seront exempts des droits de tonnage correspondants à autant de tonneaux que le poids double de muids des céréales chargées	»	»	Paragraphe unique de l'article 6 de la Loi du 26 juin 1850.
De la capacité restante.			
Pour chaque tonneau des autres denrées nationales . . .	100	200	Décret du 14 novembre 1836, article 2, paragraphe unique; et Loi du 28 août 1840, article 2.
Pour chaque tonneau de denrées étrangères	250	500	Décret du 14 novembre 1836, article 1er; et Loi du 28 août 1840, article 2.
Navire qui demandera franchise pour spéculer et qui l'obtiendra selon les lois.			
Ne réalisant aucune opération commerciale.	50	100	Décret du 14 novembre 1836, articles 4 et 7.

CAS.	DROITS DES NAVIRES par tonneau.		LOI APPLICABLE.
	Portugais.	Étrangers.	
	Reis.	Reis.	
Avec partie de son chargement et sortant pour la compléter avec du sel, des céréales, des farines et de l'huile de production nationale . . .	50	100	Loi du 11 avril 1839, article 2; et Loi du 10 mai 1841.

N. B. — Il est perçu à la douane de Porto 100 reis en sus par tonneau, pour les travaux de la barre. (Décret du 15 février 1790.)

Il est perçu à la douane de Figueira 50 reis en sus, pour les travaux de la barre. (Loi du 9 février 1843.)

Les bâtiments à vapeur ne payent pour chaque tonneau de leur jaugeage que les trois cinquièmes du droit fixé dans les différents articles du Décret du 14 novembre 1836.

D'après l'article 4 du Décret du 25 octobre 1852, il a été concédé aux bâtiments qui chargeraient du vin du pays de jouir du bénéfice de tonnage accordé par les Lois du 11 avril 1839, du 28 août 1840, et par la Loi du 10 mai 1841, aux bâtiments chargeant du sel, des céréales, des farines et de l'huile de production nationale.

Les bâtiments à vapeur appartenant à la Compagnie — *Royal Mail Steam Packet* —, employés sur la ligne du Brésil, payeront, dans le port de Lisbonne, les droits de tonnage d'après le nombre de tonneaux de chargement qu'ils embarqueront dans le même port. (Décret du 11 août 1852.)

Les bateaux à vapeur appartenant à la Compagnie — *South American and General Steam Navigation* —, employés sur la ligne de Liverpool au Brésil, payeront, dans le port de cette ville, les droits de tonnage d'après le nombre de tonneaux de chargement qu'ils embarqueront dans le même port ou qu'ils y transporteront. (Décret du 29 septembre 1852.)

Les bateaux à vapeur de la Compagnie nommée — *Liverpool Steam Ship Company* —, employés sur la ligne de Liverpool à la Méditerranée, et qui touchent au port de Lisbonne, sont sujets aux dispositions des Décrets du 11 août et du 29 septembre 1852, d'après lesquels ont été établis les droits de tonnage que doivent payer les bateaux à vapeur dont font mention les Décrets précités.

FIN.

Grand Uniforme Consulaire.

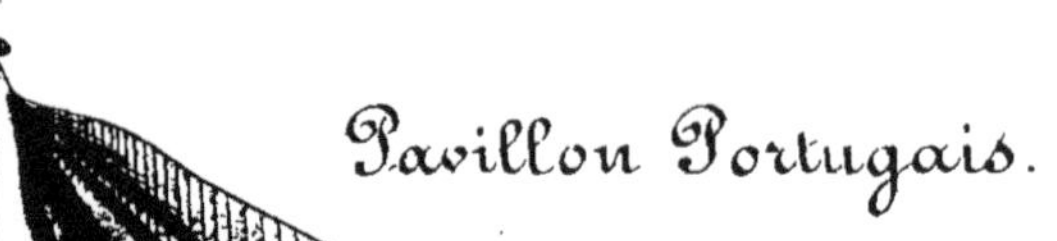

Flamme.

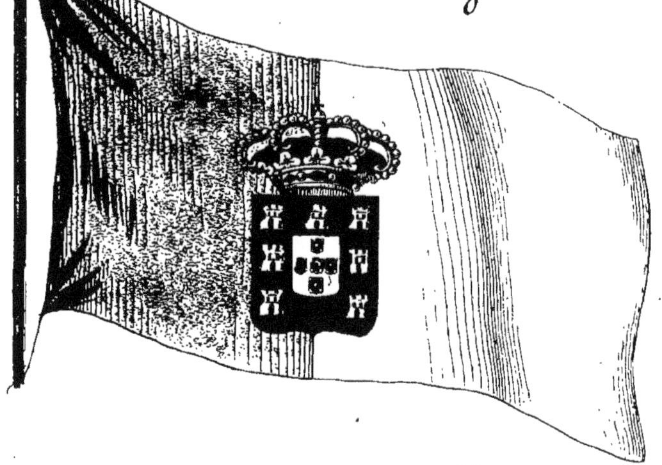

Pavillon Portugais.

Cocarde.

Timbre pour la Circ.

Timbre humide.

TABLE DES MATIÈRES.

7819. — Paris, imprimerie de Guiraudet et Jouaust, rue Saint-Honoré, 338.

www.ingramcontent.com/pod-product-compliance
Ingram Content Group UK Ltd.
Pitfield, Milton Keynes, MK11 3LW, UK
UKHW021859070726
13613UKWH00001B/227